浙江省重点研发计划项目（2021C02005）

特色文化IP与文创产品设计

CHARACTERISTIC CULTURAL IP
AND
THE DESIGN OF CULTURAL
CREATIVE PRODUCTS

王丽 著

ZHEJIANG UNIVERSITY PRESS
浙江大学出版社

图书在版编目（CIP）数据

特色文化IP与文创产品设计 / 王丽著. -- 杭州 ：
浙江大学出版社，2021.11（2024.1重印）
ISBN 978-7-308-22034-7

Ⅰ．①特… Ⅱ．①王… Ⅲ.①文化产品－产品设计
Ⅳ．①G114

中国版本图书馆CIP数据核字(2021)第257091号

特色文化IP与文创产品设计

王丽　著

图书策划	柯华杰（khj2019@zju.edu.cn）
责任编辑	柯华杰
责任校对	傅宏梁　赵　钰
装帧设计	林智广告
出版发行	浙江大学出版社
	（杭州市天目山路148号　　邮政编码　310007）
	（网址：http://www.zjupress.com）
排　　版	杭州林智广告有限公司
印　　刷	浙江省邮电印刷股份有限公司
开　　本	889mm×1194mm　1/16
印　　张	10.25
字　　数	195千
版 印 次	2021年11月第1版　2024年1月第4次印刷
书　　号	ISBN 978-7-308-22034-7
定　　价	60.00元

前 言
FOREWORD

近年来，国家大力倡导发展文化软实力，文化交流日渐频繁，文化特色成为各地区的核心优势，IP热居高不下。为了提升文化知名度，各地区积极寻找适合的途径传播特色文化，打造开发IP形象，打造更具影响力的中国特色文化符号，文创产品设计也备受关注。不同的传播方式将特色文化与现代生活、现代技术密切结合起来，多元化的内容和形式使特色文化在大众的认知中焕然一新，拥有了更多的生存空间，也赋予了IP更多的文化价值。

本书主要研究中国各地部分自然景观、民居建筑、历史人文、非物质文化遗产等特色文化内容，以特色文化IP设计应用为研究对象，在对特色文化资源进行梳理与分析的基础上，分别从地域特色、科普特色、校园特色、民族特色、城市特色、艺术家特色等方面研究探索如何进行文创产品设计，并通过相关的实践案例步步引导，让设计师打开文化与文创结合的想象空间。本书通过将特色文化内容与IP创意有效结合，引导设计师以此为实践路径，不断创新特色文化的形式，有效进行特色文化IP内容生产与文创产品开发，强化中国特色文化资源的经济文化驱动力。

特色文化是中华文化的视觉符号，承载着国人的智慧，本书以特色文化的特性与价值为依托，梳理并打造特色文化IP的内涵，为文创产品的应用创新提供一个基本的创作源泉。用现代视觉语言和年轻人的交互方式构建新形式的带有中国故事烙印的文化衍生产品设计，用优质的创新产品认知中华文化，给人们带来更为形象和立体的感受，是本书的一大特色。党的二十大报告提出，坚守中华文化立场，讲好中国故事、传播好中国声音，展现可信、可爱、可敬的中国形象，推动中华文化更好走向世界。坚定文化自信，推动中华优秀传统文化创造性转化和创新性发展，是作为一名优秀设计师的精神信仰与社会职责。我们也将致力于把特色文化与现代设计相结合，推动中华文化的可持续发展。

承蒙广大读者的支持与喜爱，时至2024年初，本书已是第4次重印。在此特别感谢浙江农林大学周国模教授的支持和鼓励，感谢王磊教授对本书框架的指导，感谢我的木言文化创意设计团队成员和浙江农林大学工业设计专业的部分同学提供了优秀的设计作品。更感谢我的研究生顾倩颖、郑瀚霖、翁思佳、袁李、刘浏等同学付出了大量的时间与精力，帮助一起查阅文献、收集资料、整理文稿与作品，这样的不懈努力，相信也是最好的学习与成长过程。还要感谢我的家人对我工作的大力支持，他们是我稳定的大后方，为我源源不断地输送向前奔跑的动力。最后要感谢浙江大学出版社为本书付梓提供的机遇和支持。

王丽

2024年1月于浙江农林大学

目 录
CONTENTS

第一章

认识 IP 与特色文化 IP

特 色 文 化 IP 与 文 创 产 品 设 计

第一节 认识IP

IP 的基本概念与发展现状

近年来，IP 一词频繁地出现在大众的视野中，并且，随着新媒体和互联网的发展，IP 的内涵也在不断地延伸。但目前国内外对 IP 概念的定义还很模糊，存在较大的差异。基于此，我们结合目前已有的相关理论知识与设计实践，围绕这一主题进行文创产品设计，并提出自己的见解。

IP 的概念　IP（intellectual property）原意为知识产权，是一种法律用语。伴随着互联网和新媒体的崛起，IP 的概念也发生了改变，不单单是英文所表示的知识产权这一本义。在本书中所提到的 IP 产生于泛娱乐文化产业，是一种文化资源。这种文化资源具有四个特点：一是能够被一部分群体所喜爱；二是能够转化为被喜爱者直接购买的文化产品；三是通过内容能够了解其背后所隐藏的文化与价值观，并能引起共鸣；四是能够带来收益。

IP 的发展现状　现如今 IP 的发展逐渐走向成熟，它可以是一个故事、一个角色、一部动漫、一个网络红人等。如我们大众所熟知的经典电视剧《西游记》中的孙悟空、曾经作为明清两代皇宫的故宫博物院、民间传说故事中的许仙和白素贞、动漫电影《哪吒》《熊出没》中的哪吒和熊大、熊二等，都可以作为 IP 形象。IP 的内容也可以是一段文字、一张图片或者一个符号。以这些 IP 为核心，可以进行有关衍生品的开发。如果想要成为一个优秀的 IP 还要具有可抽象性、可提炼性，深受用户的喜爱并能与用户产生文化情感的共鸣。

那么 IP 经历了怎样的发展呢？我们可通过表 1-1 来梳理一下。

表 1-1　IP 发展的典型事例

时间（年）	内容与意义	代表人物及 IP
1845	Only in this way can we protect intellectual property, the labors of the mind, productions and interests as much a man's own, and as much the fruit of his honest industry, as the wheat he cultivates, or the flocks he rears（只有这样，我们才能像保护一个人自己的知识产权、思想劳动、生产和利益一样，保护他的诚实劳动的成果，就像保护他种的小麦、养的羊群一样）	Levi Woodbury Davoll 诉 Brownc 案，1845 年。案件号码：3662

续表

时间（年）	内容与意义	代表人物及IP
1870	提议制定Mental Property Act和设立单独的Mental Property Court，并建议在这个法案通过后，允许人们对社会有用的主意、发明（可以是书、音乐作品、绘画、雕刻、建筑等艺术作品）申请、获得财产权	W. Bridge Adams, Patent Laws, Journal of the Society of Arts, 1870年1月21日
1879	A title that includes, as one knows, the rights that the law recognizes for the creator of a work from the brain, whether it happens to be an industrial discovery or a literary or artistic work（如你所知，一个标题，包括为创作者创作的作品的法定的权利，无论它碰巧是一个工业发现或文学或艺术作品）	Gustave Huard's Justin Hughes, a short history of "intellectual property", 33 Cardozo L. Rev. 1293, 2011-2012
1923	美国迪士尼家族第一个并且是影响最广大的IP——米老鼠被创建	Walt Disney
1955	美国洛杉矶迪士尼乐园开园，标志着动漫衍生与旅游、体验功能相结合，通过动漫文化带动地区餐饮、酒店、工艺品等行业的整合发展	米老鼠等卡通人物形象
1963	日本第一部由漫画改编的电视动画《铁腕アトム》（铁臂阿童木）在日本富士电视台首播，开创了漫画杂志向动漫结合、转化的先河	手冢治虫
1973	日本最具号召力的IP《哆啦A梦》改编制作的第一版同名动画剧播出	藤子.F.不二雄
1974	日本著作权宣传大使Hello Kitty首次出现	清水侑子
1983	台北故宫博物院时任院长秦孝仪提出"从传统中创新，艺术与生活结合"的文创理念	秦孝仪
1989	中国台湾创建了以销售艺术、建筑书籍为主的诚品书店，目前已成为台湾文化的地标，在国际上享有盛誉	书店文创IP
1990	IP概念在美国动漫产业兴起	DC漫画公司授权、《超人》系列电影、《蝙蝠侠》系列电影
1999	中国台湾基于"在地化"元素打造了休闲农业文创社区——淘米生态村	休闲农业文创IP
2001	大英博物馆向观众免费开放，没有了门票收入，取而代之的是博物馆自身经营及衍生品的收入	罗塞塔石碑、小黄鸭、《彼得兔的故事》

时间（年）	内容与意义	代表人物及 IP
2006	程昀仪创办了掌生谷粒，冲击了大众对大米的认识，卖的不是农产品，而是在讲华人的文化，并且用文案诉说农作物的故事	掌生谷粒
2007	中国网络小说改编影视剧开端	《步步惊心》《裸婚时代》《甄嬛传》
2012	腾讯互娱公司程武提出了"泛娱乐"	腾讯互娱
2013	台北故宫博物院推出了风靡一时的康熙手书复制品"朕知道了"纸胶带，是台北故宫博物院由"传统馆藏仿制品"制造走向"现代文创"开发之路的重要标志，此后接连不断地推出充满奇思妙想的文创衍生品	Q 版康熙皇帝
2013	北京故宫博物院第一次面向公众征集文化产品创意，举办以"把故宫文化带回家"为主题的文创设计大赛标志着故宫文创的转变	故宫猫形象
2014	中国网络文学 IP 成为热词，网络小说开始被改编成电视剧或电影，促进了文学 IP 的多渠道变现	《古剑奇谭》《风中奇缘》《匆匆那年》
2015	陕西省历史博物馆创造了一系列文创产品，特别是以唐妞 IP 创造的文创最为出名。唐妞人物形象是以唐朝仕女俑为原型进行创造的，其品牌走的是文物及文物萌化路线，深受广大消费者的喜爱，拉近了文物与群众之间的距离	唐妞 IP 形象系列文创
2015	中国大量的网络文学 IP 被改编成影视剧和游戏，形成了影游联动	《盗墓笔记》《花千骨》《琅琊榜》《斗破苍穹》
2015	中国动画电影现象级作品《西游记之大圣归来》，不仅是国产动画电影的新尝试，更像是以西游故事为核心 IP 进行的二次开发	《西游记之大圣归来》电脑版以及手游版
2015	大宇资讯与新文化传媒及华亿传媒全方位合作，将《仙剑奇侠传》《轩辕剑》《大富翁》《明星志愿》4 款游戏分别打造成舞台剧、电影及连续剧	由《仙剑奇侠传》《轩辕剑》《大富翁》《明星志愿》等游戏 IP 转化为舞台剧、电影及连续剧
2015	故宫淘宝从"故宫商店"转变为"故宫文化创意"，产品融合了适用性、趣味性、互动性和时尚性，这段时期故宫 IP 发展处于上升阶段	"奉旨旅行"行李牌 "朕就是这样汉子"折扇 "容嬷嬷"针线盒等
2015	台北故宫博物院推出"朕又来了"系列傲娇霸气的文创产品，包括夜光运动手环、圣旨文件夹、密奏文件夹等	"朕又来了"系列文创

续表

时间（年）	内容与意义	代表人物及 IP
2016	腾讯与故宫合作，开发了许多经典藏品，故宫 IP 的知名度全方位打开	《雍亲王题书堂深居图屏》《韩熙载夜宴图》、明朝皇帝画像以及《故宫大冒险》动态漫画中的卡通形象等
	针对 IP 概念、泛娱乐战略思路快速引发共鸣的情况，程武提出泛娱乐时代互娱对于 IP 探索的三个原则：知名度不等于 IP，IP 是被市场验证的用户情感载体；IP 价值来自共建而非交易，先纵后横推动 IP 增值；活跃的 IP 源头是根本动力，每个人都有不可被辜负的天分	UP2016 腾讯互动娱乐年度发布会
	《大鱼海棠》上映，其创意灵感来源于《庄子·逍遥游》，讲述了一个掌管海棠花的少女与人类男孩"鲲"的灵魂的奇幻故事，影片向观众展现了那条游弋在每个中国人血液和灵魂中的大鱼——鲲	中国传统文学"鲲"形象
	IP 被标记成独有的，美好的，赋予特质化的东西，一个标准的 IP 有着独立人格魅力，能靠着有温度，有态度的优质内容吸引用户，形成以拥有相近兴趣价值观的社群。社群会激活用户的参与感，并最终转化成消费	罗振宇《罗辑思维》
2017	大英博物馆开始与中国天猫线上商店合作，实现了文化与商业的跨界融合	古印度卷制连衣裙、中国明朝瓷器纹理拉杆箱
	苏州成为国家文化消费试点城市，打造了文旅消费"夜"态品牌 IP——"姑苏八点半 舒心八点半"	"夜"态品牌 IP
2018	针对中国文化特色的故事及形式，提出了"中国民族 IP 概念"，并将"泛娱乐"口号转变为"新文创"，从强调娱乐到强调创新，IP 的重要性呼之欲出	UP2018 腾讯新文创生态大会
	王者荣耀团队联合敦煌研究院推出杨玉环"遇见飞天"皮肤，堪称游戏界的顶尖作品，实现了将敦煌文化与手游结合	敦煌飞天 IP 形象
2019	IP 是文化的承载与传承支持的重要内容，是文化精神内核，是推进文化产业深入发展的关键力量	"挖掘 IP 的力量"2019 中国文化 IP 发展高峰论坛
	首部中国 IMAX 动画电影，国漫 IP《哪吒之魔童降世》上映。该影片来源于中国传统神话故事，创造性地改编中国传统神话人物哪吒的人物形象，讲述了逆天不认命、勇敢与命运斗争后成为英雄的成长故事。既保留了中国传统文化的精髓，又加入了流行元素	哪吒、太乙真人等 IP 形象

　　一个好的 IP 形象经过凝练、转化所形成的衍生品可以为开发者创造一定的经济效益。这也是最近几年 IP 这么受欢迎的内在原因。所以说挖掘、开发 IP，使 IP 的内容具有丰富的价值和文化内涵，才具有发展潜力，才能够创造一定的经济效益。

　　在我国，文博 IP 做得比较好的是故宫博物院，它已成为文博产业的一个标杆。其成功之处得益于故宫博物院丰富的文物藏品以及博大精深的中国文化蕴含的取之不竭的文化资源。其推出的文创产品已成为当下年轻人追捧的对象。另外，故宫博物院下设有故宫出版社，该出版社坚持以"让保存在博物馆中的文物都能活起来"为初心，出版了一系列优秀的出版物。令受众印象比较深刻的是故宫猫，它身穿皇帝衣服、呈现出萌萌的形象，被广泛应用到手机壳、抱枕、电子产品外形上。

　　在美国，迪士尼公司拥有强大的 IP，它能够将某一作品转化为 IP 并延伸到相关领域从而影响到全球。迪士尼公司的成功之处在于其对文化的输出。它精心刻画人物形象以及故事内容，并将其融入高技术的电影制作中。例如我们所熟知的经典作品《米老鼠和唐老鸭》《灰姑娘》《白雪公主和七个小矮人》等。同时，它通过周边产品销售带来经济效益。另外，它还通过迪士尼主题公园将经典的动画场景融入实地场景中，给人带来一种梦幻般的感觉，吸引了很多游客。

　　说到日本，自然会联想到日本的漫画、动画、游戏，它们已成为日本独特的文化符号，并进入欧洲、北美、南美市场，占有一席之地。例如《神奇宝贝》，即是日本顶级 IP 代表。

　　另外，英国在 IP 领域的创造也很成功，大英博物馆虽然早在 1753 年就成立了，但它在 IP 文创产品的开发上却一直保持着较强的生命力，尤其是对于藏品元素的挖掘与凝练。它善于从悠久的历史文化中找到新的发光点，如火遍全球的小黄鸭，这也是我们应该学习的地方。

　　未来有关 IP 的研究，不只是目前我们常见的动漫、文学、影视、游戏，还可以与校园文化、康养、文旅、珠宝、科技等各个行业以及特色小镇相结合，依托主题乐园，在亲子游、节庆活动中融入知名 IP，以带动旅游发展。如中国诸暨的山下湖珍珠小镇、乌镇的戏剧节等。当然，特色小镇的建设可基于当地文化资源特征打造文化品牌。

中国故宫 IP

发展历程 故宫博物院是一座特殊的博物馆。成立于1925年的故宫博物院，建立在明清两朝皇宫——紫禁城的基础上。历经六百年荣辱兴衰，帝王宫殿的大门终于向公众敞开。故宫博物院不止拥有绝无仅有的独特藏品，更是世界上规模最大、保存最完整的木结构宫殿建筑群。故宫现拥有藏品186万余件，为文创产品的设计提供了海量素材。故宫的IP发展大致可以分为沉静阶段、上升阶段、巅峰阶段和稳定阶段。

在大众看来，2013年之前的故宫虽然已是一个享誉中外的旅游景区，但它与古老、庄重、沉闷画上等号，其所拥有的IP价值，如明清历史、皇家符号、教育意义等，很难在游客短暂的参观中传递和开发。虽然"故宫淘宝"早在2008年12月就已上线，但是早期的产品从创意到设计，从实用性到价格，都难以引发消费者的购买欲望。2015年，故宫淘宝店铺从"故宫商店"转变为"故宫文化创意馆"，此后数千种文创产品被开发，产品融合了适用性、趣味性、互动性和时尚性，"奉旨旅行"行李牌、宫门箱包、"朕就是这样的汉子"折扇、"容嬷嬷针线盒"等"萌系"爆款诞生，这个时期故宫IP发展处于上升阶段。

从2016年开始，《我在故宫修文物》《国家宝藏》等热播节目用镜头语言走进古文物的前世今生，解读了中华文化的基因密码，从而激发了大众的文化自信和文化认同。同年腾讯与故宫开始长期合作，故宫开放了经典藏品《雍亲王题书堂深居图屏》《韩熙载夜宴图》（局部）、明朝皇帝画像等，制成了《皇帝的一天》APP、《故宫大冒险》卡通形象等。由此故宫IP的知名度被全方位打开。2016年故宫文创销售额高达10亿元。这一时期，故宫这个IP也发展到了巅峰阶段。故宫淘宝店铺和故宫博物院文创店的爆款如故宫日历、故宫明信片等月销过万，截止到2017年年底故宫文化产品已经突破10000种，当年文创产品收入已经达到15亿元。

最近几年，在国家政策的扶持下，故宫博物院通过微信、微博等公众号平台，开发了相关的APP和小程序，积极推进故宫文化遗产的数字化展示，利用VR、AR、摄影、激光、全息投影等科技手段，举办数字沉浸体验展，不断开拓数字化展示，开发多种数字文创产品，实现从资源数据化、数字场景化、场景网络化到网络智能化的转变。故宫的IP发展逐渐进入稳定阶段。至此各大商家看到了故宫巨大的潜能，纷纷谋求联名合作发展。仅彩妆系列，故宫就已经与Mac、TF、YSL等国际知名美妆品牌进行了合作。

在故宫IP创作中涌现出很多的优秀设计团队，比如故宫猫这个可爱的形象是由洛可可团队设计的。洛可可是一家专注于为客户提升产品力的创新设计集团，设计过许多经典有趣的作品，如图1-1所示。

图1-1 "丝路奇幻城"文创产品（设计：洛可可）

故宫猫　2015 年，由洛可可创始人贾伟带队，洛可可的 800 名设计师参与了故宫项目，团队在深入了解故宫的历史文化和宫廷文化的符号体系后，梳理出 12 个产品线创意思路，并设计出超过 600 款的产品，建起了故宫文创开发的框架。以故宫猫系列为例。在故宫里生活着 200 只流浪猫，它们消灭鼠类，保护着故宫 600 年历史的木质建筑，被称为故宫的卫士。洛可可的设计师以它们为原型设计了软萌可爱的"人格"化形象"故宫猫"系列。以此形象延展出来的文具、3C 产品、AR 大内"咪"探套装等系列产品，深受年轻人群的欢迎，在与洛可可合作运营的故宫神武门的文创产品店和天猫故宫文创店中保持热销。（图 1-2）

祥瑞猫盲盒来自故宫淘宝文创设计团队，每款设计均来源于故宫文物，每只小猫都有属于自己的吉祥寓意。比如"鸿运当头"款来源于狮子，是百兽之王，为脊兽之一，守护于建筑墙角；御猫舞狮，寓意鸿运当头；"美梦成真"款来源于凤，其是百鸟之王，祥和富丽，为脊兽之一，守护于建筑墙角，寓意梦想伴凤凰而飞，终能美梦成真。（图 1-3）

脊兽常见于中国古代建筑屋脊，有固定脊瓦的作用。故宫建筑群中就有上万只脊兽，其排列常以骑凤仙人为首，后率一众神兽。檐角神兽的数目依宫殿等级而异，一般为一至九只，唯太和殿有十只，天下无二。有关脊兽的文创设计还有很多。图 1-4 所示是一套由故宫淘宝设计师从太和殿脊兽中精选龙、凤、狮、海马、天马，同骑凤仙人一道设计成的脊兽书签。所设计的脊兽与脊瓦皆着金琉璃色，造型生动还原，书签铜片处标有刻度尺，实用又添阅读乐趣。

图 1-2　"故宫猫"文创产品（设计：洛可可）

图1-3 祥瑞猫盲盒（设计：故宫淘宝文创设计团队）

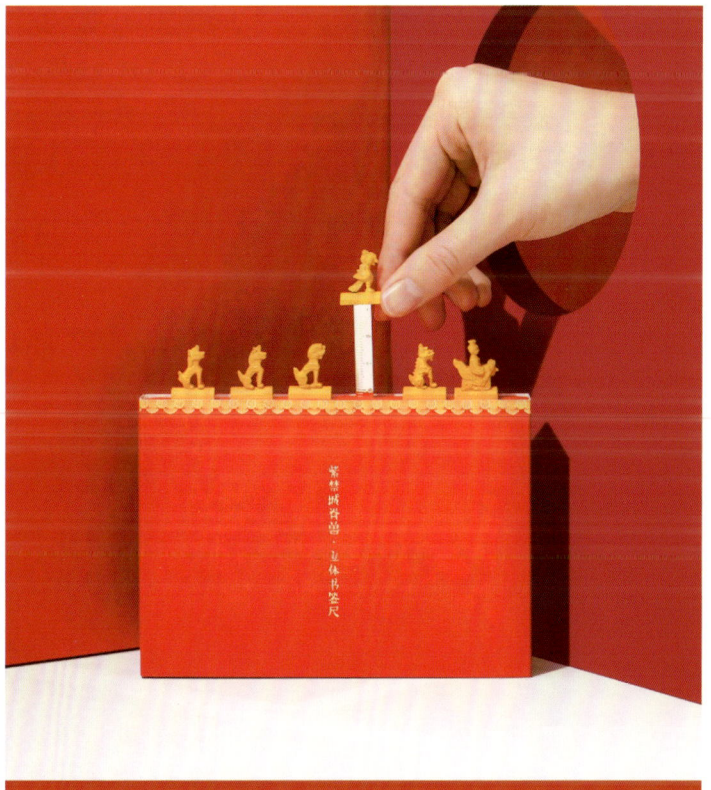

图1-4 脊兽书签（设计：故宫淘宝文创设计团队）

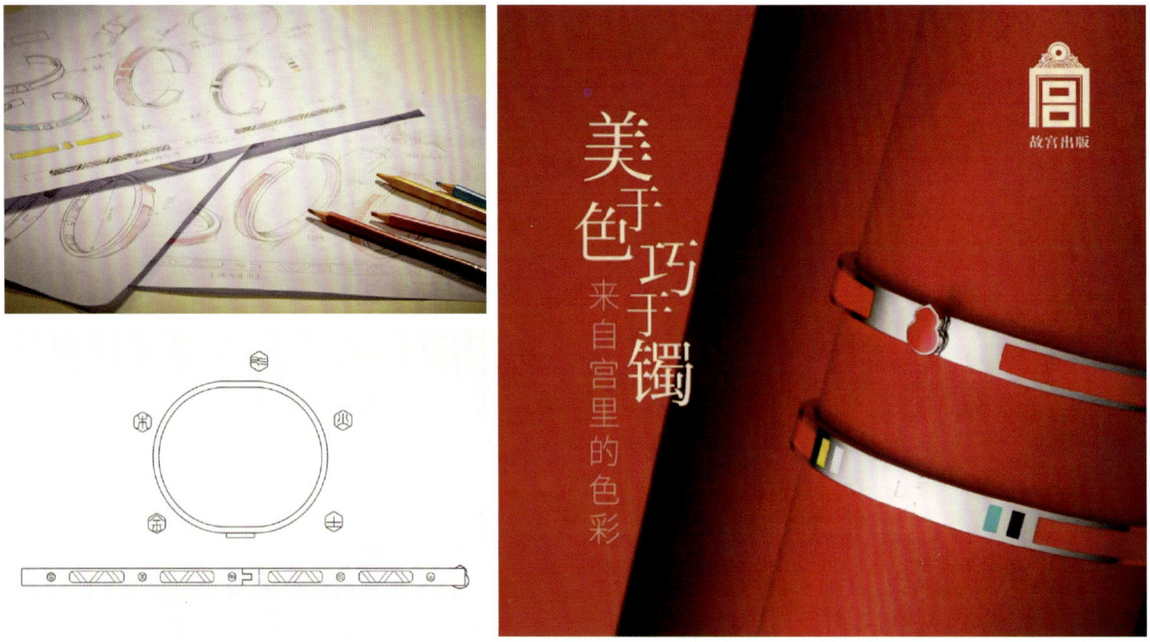

图1-5　手镯（设计：大道造物）

故宫手镯 图 1-5 所示的这款"美"手镯是大道造物公司与故宫联合推出的，他们由此开启了一场东方色彩与现代设计结合的时尚之旅。大道造物公司具有十余年中国工艺品的设计制作经验，深耕与活化非遗传统技艺，涉足陶瓷、景泰蓝、紫砂、刺绣、金属、漆艺等多种主要工艺门类。先后参与创意设计制作了二十余款国礼。他们的设计作品体现了现代设计与中国工艺的融合，这些充满底蕴的设计作品让中国传统工艺在当代绽放出生机与活力，向世界传递了中国工艺、中国文化和东方美学。在与故宫多年的合作中，大道造物公司推出过多款备受关注、独具宫廷特色的故宫文创作品。

这套手镯的五色之美各色各异，颜色取于故宫，更源自中国的五行。东方木，色青；南方火，色红；中央土，色黄；西方金，色白；北方水，色黑。内壁篆体的"金木水火土"，与外部的五色相呼应，福气散发，由内而外。"福禄"扣轻启，开启手中幸福，让好运伴你同行。这一产品的设计历经 3 年潜心打造，28 次造型大改，43 道工序打磨，86 次颜色校正，细致入微，最终呈现纯正的故宫美色。同时椭圆镯形的设计，更加贴合腕部，让消费者佩戴舒适，让美更合心意。

故宫口红　2018 年故宫口红首次推出，凭借其惊艳的外表和细腻的膏体，4 天售罄 10 万支。

我国著名化妆师毛戈平创立的彩妆品牌与故宫联名推出了系列彩妆，凭借丰富的中华文化底蕴和优秀的彩妆效果，深受消费者的喜爱。

这款口红从貂皮嵌珠皇后冬朝冠中汲取灵感，以现代精雕工艺将凤冠完美复刻于顶盖上，五凤绕金顶，缀之朱纬，尽显凤之威仪。管身设计择取自凤凰羽毛纹，寓意祥瑞，栩栩如生，诠述传世华美。（图 1-6，图 1-7）

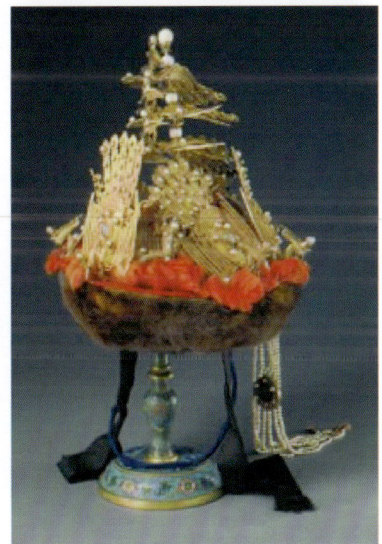

图1-6　口红（设计：毛戈平）

图1-7　口红（设计：故宫博物院文创店）

拥有六百年历史的故宫，在新媒体时代紧跟潮流注入新鲜"血液"，焕发出勃勃生机。故宫 IP 的打造不仅是在贩卖产品，更是在讲述中国特色故事。新媒体时代的到来并不意味着传统文化 IP 的衰败与没落，相反给传统文化 IP 的发展提供了新的发展途径与推动力。故宫在提高文化附加值、全媒体运营推广、把握新媒体语境等方面都为传统文化 IP 的发展提供了新的思路和可借鉴意义。

故宫博物院前院长单霁翔曾在一次讲座中指出，故宫的文化创意来自底蕴丰富的故宫。它有清晰的轴线、开阔的格局、壮美的建筑、严谨的形制、绚丽的彩绘、生动的空间、精美的装饰、典雅的园林、丰富的景观、和谐的环境和众多的藏品。只有深刻透彻地了解传统文化，突破传统文化 IP 瓶颈，重视产品文化属性，努力进行个性化创新，向一代又一代的年轻人讲述好中国故事，才能传递文化自信，实现二次成长。

美国迪士尼 IP

　　迪士尼作为全球最大的品牌消费品授权商之一，其完整的文创产业链在全球是首屈一指的。早在 80 多年前，华特·迪士尼将第一份授权许可证以 300 美元颁发出去，走出了打造全球顶尖的文创品牌的第一步。到今天，迪士尼产品的受众不仅是小女孩，它跨越了国家和地域，覆盖了所有年龄阶层的用户。如今迪士尼已经从单一的动画电影板块，逐步发展到音乐剧、真人电影、衍生品、主题公园的全产业链布置。

　　从历史的维度上看，迪士尼在推出最早的米老鼠形象后，不断开发挖掘新的动画角色，如白雪公主、灰姑娘、小鹿斑比、匹诺曹等一系列经典卡通形象，并凭借众多的卡通 IP 群创立了迪士尼品牌。此外，由资料汇总可知，迪士尼在选定新的 IP 形象时，多以当地的已有形象为依据，根据世界各地已被广泛认同的故事 IP 来进行改编，具体资料如表 1-2 所示。

表 1-2　迪士尼代表电影改编信息（部分）

时间（年）	名称	特点
1928	《汽船威利号》	世界第一步有声动画，米老鼠角色首次出现
1932	《花与树》	世界第一部彩色动画片，高飞首次出现
1937	《白雪公主》	世界第一部长篇动画电影，取材于于德国《格林童话》
1942	《小鹿斑比》	取材于奥地利儿童文学作品
1961	《101 忠狗》	影片改编自英国作家多迪·史密斯 1956 年出版的同名小说，《101 忠狗》在制作过程中采用复制技术取代以往油墨和涂料，以节省迪士尼公司在上色技术人员上的开支
1989	《小美人鱼》	取材于安徒生童话
1991	《美女与野兽》	取材于法国民间故事
1992	《阿拉丁》	取材于《天方夜谭》
1994	《狮子王》	取自英国童话《丛林之书》
1994	《夜行神龙》	不再是迪士尼式的幽默风格，而是偏向于中世纪的肃穆
1995	《风中奇缘》	取材于美国真实历史故事
1996	钟楼怪人	取材于法国同名小说
1997	大力神	取材于希腊神话
1998	《花木兰》	取材于中国《木兰辞》
1999	《泰山》	取材于同名小说
2009	《公主与青蛙》	取材于于德国《格林童话》
2010	《魔发奇缘》	改编自格林童话《莴苣姑娘》
2012	《无敌破坏王》	大量的 IP 形象同台演出，产生联动

续表

时间（年）	名称	特点
2013	《冰雪奇缘》	改编自安徒生童话《白雪皇后》，对于角色关系进行逆转式的改变
2014	《超能陆战队》	取材于 Steven T. Seagle 和 Duncan Rouleau 的以日本为背景的动作科幻类漫画
2015	《疯狂动物城》	将来自世界各地的动物放入影片，并为各个国家特别定制了一些角色
2016	《海洋奇缘》	编剧杰拉德·布什两次探访 FIJI、SONOA、大溪地等南太平洋岛屿，和当地村民、刺青专家、地质学家交流，深入了解当地风土人情和文化传说
2018	《无敌破坏王 2》	在一代的基础上加入了大量的 IP 联动
2019	《冰雪奇缘 2》	《冰雪奇缘》的正统续集
2021	《寻龙传说》	基于东南亚地域文化的动画故事

　　民间故事大多侧重奇妙、宏伟的展开，人物形象往往脸谱化、平面化、模式化；主题一般以表现真善美为目的。而迪士尼电影是文化消费主义背景下生产的新型产品，对故事主题与人物形象进行深化，并通过现代化的重构使之符合现代人的审美，打破观众对于原本故事的固有观念，从而获得一种全新的审美体验。而选用已被当地人民广泛认同的 IP 形象来增加人们对其的接受度，这是迪士尼跨越文化的鸿沟，至今仍然散发着旺盛生命力的基础。

图1-8　Colourpop X Disney 午夜化妆舞会系列

在大量优质 IP 的基础上，迪士尼打造了成熟完整的产业链。基于强大的 IP 阵容，迪士尼进一步发展衍生产品领域，除传统的电影院线之外，线下消费产品与线上影视内容形成有效的呼应。通过立体多元的 IP 运作，进一步巩固相关的人物形象在消费者心中的地位与鲜活度，赋予迪士尼IP 更持久的生命力，这些方式使得迪士尼在影视 IP 开发过程中形成了一个闭合循环的圆。

迪士尼的循环模式，以动画为源头，将影视娱乐、主题乐园、IP 衍生品连接了起来。首先，迪士尼以高成本推出高质量的以 IP 故事为核心的电影，并通过电影获得票房收益；其次，向媒体售卖版权来获得第二轮利润；接着迪士尼在推出新的电影之后便同步在迪士尼主题乐园中增加相应的新人物，游客因电影而游览迪士尼乐园，以此获得第三轮收益；最后通过 IP 授权，出版、销售以文创产品、游戏、音乐剧为代表的衍生产品获得第四轮收益。品牌联动作为其中极为重要的一个环节，迪士尼对其也有着长久的探索。1930 年，一个名为乔治·博格费尔特的纽约商人为了送孩子一个特殊的圣诞礼物，向迪士尼购买了米奇与米妮角色形象在玩具、书籍和服装上的使用权，另由华特·迪士尼授权纽约的拜博兰出版公司出版发行米奇的出版物，由此迪士尼开始踏入文创产业的大门。时至今日，迪士尼已经拥有 3000 多家授权商，销售超过 10 万种与迪士尼卡通形象有关的文创衍生品。（图 1-8）

国外品牌联动　迪士尼的联名产品多以时尚产业为主，将其自身的角色元素与不同产业相结合，以此衍生出多样的内容。消费者在见到带有迪士尼元素的产品时，便会回忆起电影的内容，从而使产品与用户间产生情感的联系，因此消费者会更容易为此买单。（图 1-9—图 1-11）

图 1-9　COACH X Disney联名的手提包

图1-10　Herschel Supply与迪士尼联名2020款

图1-11　韩国饰品品牌LLOYD X

图1-12　大益茶庭与迪士尼"木兰"系列

国内品牌联名　花木兰是中国古代的巾帼英雄。北朝民歌《木兰辞》讲述了她代父从军、抵御匈奴入侵的故事，其经由《乐府诗集》传播，千百年来流传不息。1998 年，美国迪士尼公司将花木兰的故事改编成为动画片，受到了全世界的欢迎。2019 年，大益茶庭与迪士尼联手，结合花木兰的动画经典形象，推出联名普洱茶产品——"木兰"系列。（图 1-12 ）

"2020上海博物馆奇妙夜"是迪士尼与国内顶级博物馆的首次合作。该系列产品的图案元素主要取自于上海博物馆的镇馆之宝——西周大克鼎，其上有着多种精美的图纹，线条雄浑流畅。米奇与大克鼎的相遇，是从"致敬经典"出发，致敬辉煌的中国青铜文明与陪伴无数人美好童年的迪士尼动画。（图1-13）

在全球化背景下，文化日益趋同，文化在交流中融合，异化性会被削弱，同质性内容得到增强。在文化传播的过程中，人们从主观上更愿意相信和认同符合个人认知体系的内容。商业电影让电影的价值更加大众化，更容易被来自不同文化地域的人们所接受。同时在其IP的精神内核上，迪士尼电影偏向于关注亲情、爱情、友情等主题，同时通过艺术手法赋予迪士尼风格，建立起具有迪士尼特色的动画电影类型，塑造了世界品牌。

迪士尼IP至今仍然极具影响力和旺盛生命力的核心原因在于，其IP不是凭空创造的，每一个故事都是基于当地的地域文化与历史人文，达成本土化的。这使得故事有了更深刻的文化内涵，同时也更能打动人心。只有在如此深入人心的IP基础上，人们才会与其建立情感联系，从而更容易接受迪士尼联名的品牌，进而促进消费。而基于地域文化与历史人文创作的IP作品，正是当今文化IP所追求的。迪士尼将本土化这个概念贯穿于百年发展的始终，用文化来讲故事，用故事来感动人。

图1-13 上海博物馆与迪士尼米奇品牌90周年庆典联名产品

日本动漫和富士山 IP

素有"动漫王国"之称的日本是世界上最大的文化 IP 制作和输出国之一。日本动漫文化产业高度成熟，有着完整的商业运行模式，包括漫画、动画、电影、游戏、玩具等周边开发，不仅是日本的支柱性产业，在世界也占有着重要地位。

1963 年 1 月，日本第一部由漫画改编的电视动画《铁臂阿童木》的播出，首次尝试了动画与漫画融合转化的 IP 运营模式，也开创了动漫特色文化 IP 周边产品的先河。此后，人们开始关注作品版权的二次应用，成为整个日本动漫产业综合商业化发展模式的开端。

1974 年 10 月，日本动画《宇宙战舰大和号》播出，随后出现的一众机甲类动漫作品获得大量粉丝，作品中充满科技感与机器美学特征的角色极具周边模型开发价值，制作精美的机器人模型迅速获得了大量粉丝，逐渐成为日本动漫特色文化 IP 周边产品的主流，直到今天依然保持着旺盛的生命力。

如今，日本特色动漫文化产品逐渐进入稳定发展阶段，每年有不计其数的动漫文化 IP 诞生，有越来越多的制作者尝试将动漫 IP 与日本传统文化结合起来进行创作，并推出了许多与日本传统文化有关的周边产品，如和服、团扇、传统日式便当、和菓子等，为动漫产业加入新的方向，也推动了传统文化的传承与创新。

宝可梦 IP　日本最具影响力的游戏 IP《宝可梦》第一代发售于 1996 年，凭借其中可爱多样的宝可梦角色及其丰富新奇的玩法迅速成为高人气作品。随后，以游戏为原型改编制作的动画、漫画让这个 IP 闻名世界。在拥有大量高黏着度粉丝群体的条件下，宝可梦 IP 每年都会推出许多周边产品，从玩具模型、文具到服装、数码产品，每一件产品在讲求质量、注重细节的同时又极富创意性，在世界范围内收获了更多爱好者。

2018 年德国钢笔品牌凌美（Lamy）宣布与宝可梦 IP 合作发售皮卡丘钢笔套装。该产品采用了宝可梦系列中最受欢迎的形象——皮卡丘的各种代表元素，提取角色的整体颜色——黄色，及其尾巴、外观等图案，应用在钢笔及其配饰上，并将精灵球元素应用在笔套和笔座中，在打开钢笔盒时还会发出皮卡丘的叫声，对应了 IP 中精灵球用于收服宝可梦的角色设定。这款产品整体造型可爱，细节设计精致。（图 1-14 ）

除此之外，宝可梦 IP 与小米、阿迪达斯等众多知名品牌都有过联名合作产品。

图 1-14 《宝可梦》IP 周边文创产品
（左边为凌美宝可梦联名钢笔，中间为 OPPO 宝可梦联名手机壳与移动电源，右边为宝可梦中心的方形宝可梦周边产品）

熊本熊 IP　日本熊本县的地方吉祥物熊本熊，作为日本第一位以公务员为原型的吉祥物，其呆萌的形象和性格，加上运营团队利用社交软件对其公务员形象的塑造，使它成为目前世界上最成功的地方特色吉祥物 IP 之一。

熊本熊 IP 的设计本身就是一种对熊本县地方特色文化的历史传承与创新发展，其形象主要由简单几何形状构成，颜色由简单的黑、白、红三色构成，恰当地概括了熊本县的地方特色文化，因此很容易结合产品进行巧妙运用和创新设计，加上其独特的授权方式让相关的文创产品有了更自由的发展空间。熊本熊与马克华菲、凌美、KACO、光大银行等品牌联名开发的各种产品都获得了很高的人气，不仅在日本有专门售卖熊本熊周边产品的商店，在台北、上海、北京等多个城市也开设了熊本熊主题咖啡厅 Kuma Cafe，满足了众多粉丝的需求。

2015 年，德国相机生产商徕卡（Leica）在熊本熊生日当天发布了两款特别款相机"熊本熊版 Leica C"以及"熊本熊版 Leica M"，但这两款联名相机只是简单地将熊本熊的表情进行贴图，相机整体方正的造型与其可爱的原型有些格格不入。2017 年，熊本熊 IP 与富士联名推出 Instax mini 8 KUMAMON 拍立得相机，整体机型采用圆滑的曲线，与熊本熊圆润可爱的形象相吻合，机身主色调为黑色，红色的快门键和开机键被设计在镜头的两侧，对应着熊本熊两颊上的腮红，细节设计和 IP 元素的融合相较两年前的产品更加成熟与自然。（图 1-15）

图 1-15　熊本熊 IP 周边文创产品
（左上为熊本熊主题咖啡厅，右上为凌美熊本熊联名钢笔，下为 Instax mini 8 KUMAMON 拍立得相机）

富士山 IP　作为一座沉寂已久的火山，富士山总是孤零零地立在城市边，常年被白雪覆盖的山顶为它增添了更多神秘、神圣的色彩，而这种孤寂的感觉与日本传统文化中内敛的情感密不可分，它也被普遍认为是日本精神、文化的经典象征之一。因此，在旅游周边产品中，设计者通常非常注重表现意境和内涵，这种深刻的文创设计方法促使富士山特色文化 IP 发展成了日本经典的文旅 IP。

富士山文创周边产品大多在景区售卖，产品形式更多偏向于装饰和纪念，例如装饰书、香薰、蜡烛、茶具等。许多文创产品对于富士山的外形和内涵挖掘、研究、运用与表现十分深刻而富有创意。经过分析与总结，其设计内涵大概可以分为三类。（图 1-16）

一是对富士山整体造型的提取概括与创新表现，这类产品或将富士山归纳为简单的三角或梯形并辅以简单的曲线，或用复杂的曲面形状来详细描述其独特的造型美，有些甚至将二维与三维进行巧妙转换设计，让人眼前一亮；二是对富士山山顶积雪的动态表达，这类产品通常是消耗品，例如蜡烛、文具等，随着使用，"积雪"会逐渐出现或"消融"，产品的使用过程富有趣味性；三是结合产品对富士山脚下湖泊倒影进行表达，这类产品用水来模拟湖泊，例如茶杯、酱料碟等，在装入液体后会产生杯壁上的图案倒影，模拟了真实环境下看到的富士山远景，产品的使用体验别具一格。

总体看来，日本的特色文化 IP 创造和运营模式对于中国的动漫和文旅产业有许多可借鉴之处。除了产业的综合化和完整性，我们更应该学习他们对于传统文化的提炼、创新和运用方法。中国有着悠久灿烂的历史文明，以及深厚的传统文化内涵，我们不仅要提取传统文化的表现元素，更要去深挖蕴藏于传统文化中的内涵与精神，寻找其与现代社会的结合点，由此创造出真正拥有文化价值的特色文化 IP。

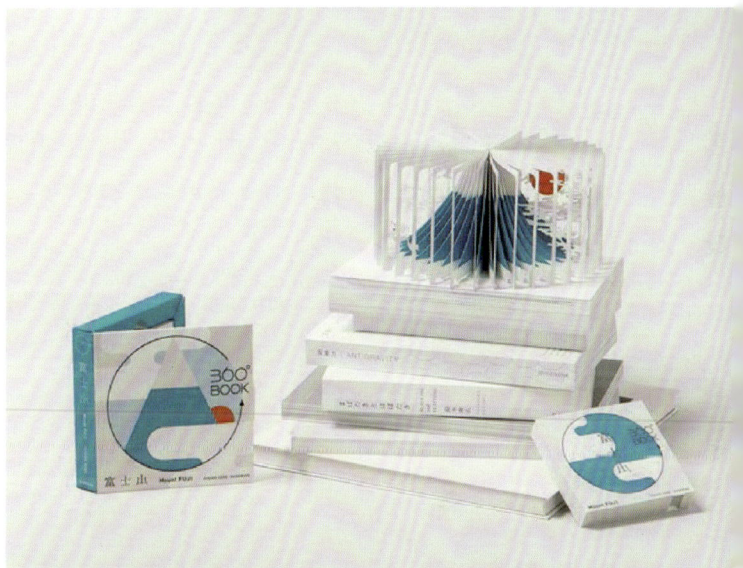

图 1-16 富士山相关文创（图片来自网络）

英国大英博物馆 IP

大英博物馆　大英博物馆又名不列颠博物馆，成立于 1753 年，是世界上历史最悠久、规模最宏大的四大博物馆之一。大英博物馆藏品丰富、种类繁多，拥有藏品 800 多万件，收藏了世界各地的许多文物珍品以及很多伟大科学家的手稿，为全世界博物馆所罕见。（图 1-17）

大英博物馆作为面向世界各地旅游者文化交流集散地，每年接待约 600 万来自全球各地的游客，文创产品年均销售额超 2 亿美元，其文创产品涵盖了各个年龄段，品类丰富。大英博物馆国际事务部主管 Nadja Race 阐释了大英博物馆销售这些文创产品的初衷：通过文创产品与顾客互动。她认为，"购买文创产品是顾客与博物馆亲密交流、了解文物故事的一种方式，也是顾客自身对故事的再创造"。对大多数人来说，博物馆里玻璃展柜中精心保存的文物可能比较陌生，甚至闻所未闻。世界文化的多元性远远超出常人的想象。相比于参观不熟悉的文物，购买贴近生活的文创产品也许是一种更好的选择，包括书房墨宝、时尚潮品、文具书籍等等。

罗塞塔石碑主题系列文创产品　依靠庞大而多元化的馆藏设计出优秀文创产品的大英博物馆，其本身就是一个开发文创产品的有力"IP"，作为"重量级"IP 的大英博物馆，将文物"IP"开发得非常细致。如它的镇馆之宝——罗塞塔石碑。罗塞塔石碑是一块同时刻有古埃及象形文、古埃及草书，以及古希腊文三种文本的玄武岩石碑，是解锁阅读和翻译古埃及象形文字的关键物证。

以罗塞塔石碑为特色文化元素的文创产品有很多，常见的有箱包、明信片、T 恤、拼图、海报、钥匙圈、笔、围裙、隔热手套等，都是将石碑上的纹样提取出来直接印在产品上，是历史和语言的再创造设计，独具特色和系列感。（图 1-18）

图 1-17
大英博物馆文创商店
（来源：网络）

图1-18　罗赛塔石碑及罗塞塔石碑文创产品（设计：大英博物馆设计团队）

　　通过对大英博物馆罗塞塔石碑主题系列的文创产品研究，可以发现以下三个特点：第一种是整体图案的运用，即将罗塞塔石碑的完整图案运用到产品上，比如明信片、拼图、书立、鼠标垫、首饰盒等；第二种是采用局部图案截取的手法，将罗塞塔石碑的局部图案运用到产品的合适位置上。比如杯垫、手提袋、背包、笔等；第三种是将罗塞塔石碑的整体形状与部分图案进行重组与再设计，比如衣服、钥匙链等。

　　在颜色的选择上，背景大部分采用黑灰色，传达稳定坚实的视觉感受，符合罗塞塔石碑给人的深厚历史意义的特征，配以白色或灰白色的文字，这种色彩反差又使人的视觉不由得集中在了文字图案上。

卖萌小黄鸭系列主题文创产品 小黄鸭是承载许多英国人童年记忆的符号。1970 年，歌手吉姆·汉森创作了流行歌曲《小黄鸭》，小黄鸭从此成为了一种流行文化元素。这个几乎每个小朋友都曾玩过的小黄鸭，是英国的一个特色 IP。大英博物馆在 2015 年发行的小黄鸭系列文创产品，更是风靡全球。它采用将小黄鸭与馆中藏品进行联合设计的方式，如与古罗马战士、维京海盗、狮身人面的模样相结合，设计出独具特色的"卖萌小黄鸭"系列，迅速爆红网络。（图 1-19）

卖萌小黄鸭系列文创产品之所以会成为爆款，是因为其有趣时尚的造型既符合现代人的审美心理，又不失文化价值。该系列产品不只是将纹样、图案简单地搬到产品上，而是深入了解文物文化内涵之后进行再设计。萌态的鸭子们或装扮成头戴羽毛头饰的印第安人、或装扮成古罗马战士、或装扮成古埃及的狮身人面像斯芬克司……这些小黄鸭将形式与内容结合得浑然天成。

彼得兔主题系列文创产品 彼得兔作为英国童话的代表角色，可以说是闻名遐迩，自从 1902 年亮相以来一直活跃在世界儿童文学的长廊里。以彼得兔为特色文化元素的文创产品——《彼得兔的故事》也声名远扬。这个产品的设计妙在外表是一本普通的儿童书，一打开却发现内文全是古埃及象形文字。（图 1-20）

通过深入了解《彼得兔的故事》发现，其设计既不是基于图案造型，也不是基于功能用途，而是在充分理解文化内涵后对其文化元素进行深入发掘的过程，是一种创意理念。彼得兔元素不失童真，古埃及象形文字不乏历史感，这是感官和思想的碰撞与融合，激发了读者的无限想象空间。

博物馆文创 大英博物馆的文创产品之所以深受大家喜爱，是因为其在开发特色文化 IP 过程中，都非常注重特色文化元素的提取，并结合时代特征元素，考虑各年龄段的消费群体，生产不同品位、价位的文创产品。无论是"明星藏品"的系列开发，如罗塞塔石碑，还是特色 IP 间的联合，如卖萌小黄鸭系列，除了正常流程下文创产品的产出，大英博物馆还抓住实时热点话题和节日庆典的机会，设计迎合当下的文创产品，让消费者对其产生浓厚的兴趣与满满的期待，在提升文创产业社会价值的同时，也间接扩大了博物馆的影响力与知名度。

图 1-19 小黄鸭系列文创产品（设计：大英博物馆设计团队）　图 1-20 《比得兔的故事》插图（来源：网络）

博物馆有丰富的馆藏资源，是我们学习历史文化的好地方，然而不是所有人都能走进博物馆仔细观摩。对于那些不能亲自来到博物馆的人来说，各大博物馆推出的文创产品，是我们接触文物的有效便捷途径，也是满足精神需求的文化体验。在国家政策引领下，文化产业已经成为国民经济支柱性产业，博物馆文创产业也得到越来越高的重视。中国上下五千年的历史，留下了许多经典的文化遗产，为博物馆文创设计提供了丰富的灵感来源。如国家博物馆推出的"国博日历"、北京故宫博物院设计的"千里江山手提袋"、陕西历史博物馆出版的《唐妞驾到》漫画科普书、河南博物馆发售的神秘"考古盲盒"、南京博物馆推出的"梦中红楼"系列、广西博物馆设计的"羽纹铜凤灯吊坠系列"、上海博物馆推出的宋徽宗瘦金体"昼眠夕寐"眼罩、苏州博物馆与《延禧攻略》道具制作原班人马联合打造的缂丝团扇、新疆博物馆推出的以镇馆之宝五星出东方利中国锦护膊为灵感来源的"五星出东方系列"等，这些我们曾经只能在博物馆展台上看到的文物，如今已经以文创实体产品的形态走进我们的生活中。文创产品已经成为传承传统文化的重要载体。无论是可爱的杯垫，还是装饰性的钥匙扣，亦或是手提袋、书签、日历，它们都体现了博物馆的主题和精神，也蕴含着博物馆的特色文化内涵。2018 年 4 月 22 日腾讯"新文创"生态大会上首次提出"新文创"的概念，即把文创从过去娱乐至上的单一导向，转为更深层次的文化内容产品，为博物馆文创的发展提供了新的方向。随着博物馆文创的发展，同质化的出现不可避免，越来越多的同品类产品出现在大众的眼前，例如台北故宫博物院"朕知道了"贴纸和北京故宫博物院"朕就是这样的汉子"系列文创产品迅速走红之后，卖萌风格的文创产品深受年轻消费者的喜爱，其他博物馆也借势发展同类风格的文创产品，市面上兴起大量的卖萌风格文创产品。一定程度上来说确实提高了博物馆文创产业的经济价值，但从长远来说一味地迎合消费者的口味而忽略其本身的特色文化内涵去做文创并不是长久之计，历史文化内涵才是文创产业持续稳定发展的核心。

随着数字时代的到来，文创产业的形式也在不断地丰富，不再只是过去那些围绕我们日常生活展开的实体产品，出现了许多利用 AR、VR 等高新技术打造的体验式产品，为消费者带来了新的体验，让消费者全方位的、更深层次的了解文化内涵，也为博物馆文创产业注入了新的活力。除了科技的助力，博物馆文创产业还要整合资源，进行跨界合作，不应是单打独斗。这一点北京故宫博物院就做得很好，它与多个品牌合作推出联名产品。线下有文创产品实体店和文创体验馆，线上与淘宝、华为、腾讯等平台建立合作关系，全面布局，合作共赢。这种多平台资源共享的方式不仅为文化创意者提供了更多创意空间，也为消费者全方位了解文化内涵提供了更多的机会和方式，是博物馆文创产业经济价值和文化价值的双赢。

只有经得起时间打磨和市场考验的文创产品才是好产品。博物馆文创要立足于特色文化的根基上，注重深层次的文化内涵，不断地创新文化形式，适应多元群体的不同兴趣特征，满足不断变化发展的社会文化需求，让文化走进人们的生活里，以达到文化传承的根本目的。

第二节 文化 IP 与特色文化 IP

文化 IP 文化是立足于人的一切社会现象与内在精神的既有、传承、创造和发展的总和。它分为多个方面，包括物质生产、精神生产和艺术生产。文化可以说是一个国家、一个民族的灵魂。而文化 IP 则是以文化为基础，将文化资源转化为商业资源的一种开发运行模式，它在 IP 的基础上具有更多的受众群体和更深的文化内涵，不仅能够带来更长久的经济效益，更有助于文化自信的建立和发展。

文化 IP 看重的是 IP 本身所蕴含的文化价值，一个好的文化 IP，其内容往往会得到大众的普遍认可，其 IP 背后衍生的文创产品也会受到大众的喜爱。目前，文化 IP 涉及的范围非常的广泛，其形式也各种各样。从宏观上来说，其形式可以是文学类 IP、动漫类 IP 以及游戏类 IP 等。从微观上来说，文化 IP 可以指的是某一个名胜古迹、特色建筑、非物质文化遗产、戏剧甚至字体等。如果将这些文化 IP 市场化，必定会带来巨大的经济效益。

文学类 IP 经过打磨提炼可以转化为游戏或电影内容的素材。近年来，中国网络文学大为盛行，大量的网络小说被改编成电视剧、电影、游戏以及文创产品等。网络文学也逐渐成为文化 IP 的主要来源。例如，我们大家所熟悉的《花千骨》《盗墓笔记》等。《花千骨》原本是一部网络仙侠言情小说，讲述了后蜀平凡孤女花千骨与师父从单纯的师徒关系，发展到由爱而恨的凄惨故事。最后花千骨以牺牲自己性命来阻止战乱发生，换来蜀国的太平。该小说成功塑造了牺牲小我拯救苍生的人物形象，深受广大青年人群的喜爱，还被翻译成海外版。后来，以《花千骨》为 IP 衍生了电视剧、漫画、手游、电影等，这些都是对"花千骨"这一 IP 文化内涵的挖掘。花千骨之所以这么火热，最重要的还是其内容比较丰富，故事情节一环扣一环，不拖泥带水，得到了大众的普遍认可。

在新媒体与互联网的影响下，动漫也成为了文化传播的主要途径之一。将动漫的内容与中华优秀传统文化相结合，也会受到大众的喜爱。例如《哪吒之魔童降世》动漫 IP，题材来源于中国的传统神话故事封神演义，以及我们耳熟能详的哪吒这一神话人物。它的成功之处不仅在于依托庞大的文化背景，还在于对原有的文化内涵进行了创新。这部动漫主要阐释了每一个人都有两面性，关键在于如何去引导人们走向正确的价值观。故事内容也映射出了正中有邪、邪中有正的文化观念。正如动漫中的小哪吒说的"我命由我不由天"，敢于对抗既定命运，让现代人产生了极大的共鸣和共情，突破了传统的文化观念，创造了新的世界观、价值观。

另外，文化 IP 可以和很多领域相融合，如文化 + 城市、文化 + 游戏等。2019 年上线的电视剧《长安十二时辰》IP 就是改编于网络小说。该电视剧中出现的古代建筑、服装等都融入了唐代的文化与传统美学。电视剧的热播，也为取景城市西安带来了一定的旅游效益和城市文化传播效应。

总而言之，文化 IP 是以文化为基础，将优秀的文化资源转变为具有商业价值的一种开发运行模式。对于某一种文化 IP 来说，它一般表达的是一种现象或者是通过文化所映射的一种社会的本质。这种文化特征能够引起大众的兴趣，消费者也愿意为此类 IP 及其衍生品买单。这种从无形的资产转变为具有实在价值的产品或者娱乐方式，能够带来良好的经济效益，也能够促使文化以不同的方式传播与发展，树立文化自信。所以说，如果想要创造好的文化 IP 形象，就要特别注重将本土文化与现代的价值观相结合，找到好的契合点。

而本书中介绍的文化 IP 特指立足于特色文化而发展形成的特色文化 IP，其在文化 IP 的基础上具有更深的历史文化内涵。

特色文化 IP 特色文化 IP 往往以具有鲜明特色的文化为基础。正因为有特色，所以人们能够更加快速地抓取这种文化 IP 想要表达的内容；能够带来更持续的经济效益；有助于文化自信的建立以及文化软实力的提升。这也正是我国努力建设社会主义文化强国的内在要求。

对于特色文化 IP 的打造，一定要避免走传统的老路，避免对经典人物形象进行过分夸张的塑造，要按照符合现代人的观念去创造。特色文化资源往往是历史的遗存，有些文化内容已经不符合现代的价值观，需要我们对其文化内容进行改造与升华。另外，优秀的特色文化 IP 形象并不是一成不变的，需要不断完善、不断创造出新的文化内涵，以新的形式出现在大众面前，这样才能够吸引住粉丝。

作为陕西历史博物馆 IP 的形象代表，唐妞已经成为了博物馆文化输出的主要载体以及文创产品灵感的来源。唐妞 IP 形象主要来自西安独有的唐三彩的女俑形象，并结合西安深厚的唐代历史文化以及服装设计，打造了具有西安特色的文化形象。唐妞之所以这么火热，一方面是由于唐三彩的女俑形象已经通过影视、文学作品以及民间传说等途径为大家所熟知，这就为打造唐妞IP 奠定了文化基础；另一方面，近几年与"呆"和"萌"等词有关的现代文化流行起来。通过对传统特色文化的创新，使唐妞这一特色 IP 火遍西安，火遍中国。唐妞形象既是对中国特色文化的传承，又是对文化内容的再创造。

特色文化 IP 的形成一定要基于本地特色文化元素，无论是从历史到人文，还是从物质到非物质文化遗产，或者说具有典型代表的特色建筑，只有挖掘与其它地区不同的文化 IP，才能够形成具有特色的内容。

客家土楼是具有鲜明特色的集体性住宅建筑。其在设计上体现了以中为尊的传统思想，造型奇特而又富有神秘感，结构坚固而实用。外部呈现圆形而不是现在大多数常见的方形。在过去，设计成这种造型的土楼建筑一方面是为了防御外部的侵略，另一方面是能够促进大家庭的和谐生活，增强凝聚力。客家土楼这种具有鲜明的地域特色的建筑，既继承与发扬了中国的传统文化，也成为了中国"大家庭、小社会"的典范。我们可以把土楼形象作为特色文化 IP，对其造型进行提炼，并结合土楼建筑的以中为尊的传统思想进行文创产品的设计，例如，可以做成土楼笔筒、土楼夜光灯等。

对于大多数古镇来说，开发本地区特色文化资源IP能够极大地促进当地旅游业以及经济的发展。例如，乌镇正在凭借其天然的古镇、戏剧艺术以及传统的特色文化（运河文化、古镇文化、名人文化、民俗文化）等，吸引着全国各地的游客前来参观游玩，体验一场不同的文化熏陶。在2018年乌镇IP形象发布会上，乌镇开发了具有该地区特色文化IP形象的"青团猫"和"聪明鸭"。"青团猫"IP象征着乌镇追求创新、勇敢无畏的精神。其外观色彩以青黑色为主，主要是提取乌镇的黛瓦元素，并将乌镇特色小吃青团元素融入"青团猫"的铃铛上。"聪明鸭"主要提取了乌镇小桥流水、水文化元素作为IP的特色形象，造型也深受年轻人的喜爱，主要是通过这两个IP形象传达乌镇的文化与特色。

为了促进乌镇特色文化的传播，乌镇还设立了五家特色文化苑，有促进高水平文化艺术发展的雅达书院、江南园林风格的乌镇适园·登瀛、可实现远程中医诊疗的互联网国医馆、促进精美的乌镇竹编走向世界舞台的竹芸工房、集休闲、时尚与文化为一体的谭家·栖巷自然人文村落。另外，最近几年乌镇还举办了"戏剧节"，为乌镇增添了多元化的文化，戏剧节也逐渐成为了乌镇的特色文化IP。在同质化日趋严重的今天，古镇的形式大同小异，只有其背后的文化内涵才是最吸引大众的，如果想要打造好的古镇IP，那么特色文化才是融入古镇IP的最佳选择。

综上来看，特色文化IP，就是以具有个性化特征的文化为基础，从自然景观、居民建筑、历史人文以及非物质文化遗产等中提取其蕴藏的内涵、元素并将其具象化而打造成的具有一定商业价值的一个文化符号。

对于特色文化IP的开发，需要长期不断的打磨，不能生搬硬套现有类似的IP形象。本书将从自然景观、民居建筑、历史人文和非物质文化遗产四个方面来介绍如何提炼特色文化IP。

第二章

提炼特色文化 IP

特 色 文 化 IP 　　与　　 文 创 产 品 设 计

第一节 特色文化概述

特色文化具有明显的地区独特性和多样性，由于其影响范围固定而有限，容易因传承甚少而濒于湮没。特色文化既包括有形的物质文化，如自然景观特色文化、民居建筑特色文化等，也包括无形的非物质文化以及历史人文等，其涉及文化成果、文化活动和文化精神三个基本的层面。本节将从四个方面来简单介绍有关特色文化的相关内容。

自然景观类的特色文化以自然景观为基础而形成，它往往源于人们的故乡情结，对故乡的热爱与自豪和对生长环境的依赖赋予了自然景观特殊的意义与内涵。自然景观又可分为天然景观和人文景观。天然景观是指几乎没有受到人类的影响而原本就已经存在的自然面貌。如五岳，桂林山水，黄山迎客松等。人为景观则是指长期受到人类的影响并在自然面貌上发生一定改变的景观。如乡村、工矿等。

民居建筑特色文化与自然环境气候、地方民俗习惯等有着密切的联系，民居建筑指的是传统的用于人民居住的建筑，包含建筑的风格和形式，其在不同的历史时期和不同的地区有不同的变化。如北京的四合院、福建的土楼、内蒙古的蒙古包等。具有特色的民居建筑组合在一起，也会给人一种视觉上的冲击感。民居建筑特色文化背后蕴含着广大劳动人民因地制宜的伟大智慧，这种智慧也无意中形成了家庭成员之间不可分割的情感纽带。

历史人文特色文化来源于中国悠久的历史文明，每个地区都有独特的历史发展背景，历史的沉淀创造出每个地区独一无二的历史人文特色，其中包括古代建筑、古代器物、古代典籍、著名历史人物等。历史人文通常具有较高的知名度和普遍认同性，但人们对于其深处的文化内涵却了解得并不深刻。如果能够很好地挖掘具有特色的历史人文，加以提炼与创造，一定会极大地提高人们的文化认同和民族自信。如北京故宫、长城、杭州西湖等。

非物质文化遗产特色文化也通常具有较高的知名度和普遍认同性，由于其大多数情况下不具有实在的形态，很容易在现代生活中被遗忘，但也正是因为它的非物质性，比较容易进行技术或形式上的创新，使之融入现代生活，重新满足人们的需求，从而使得非遗特色文化得到传承和发展。如福建南音、南京云锦、安徽宣纸。

我国地域广阔，不同地区拥有不同的特色文化资源。每当我们到达一个新的城市或者旅游区时，我们也都会感受到不同的文化背景。无论是历史人文、自然景观还是建筑特色，都有着丰富的文化内涵。从物质遗产到非物质遗产，从传统到现代，都蕴藏着无穷无尽的财富，如果能够很好地利用这些文化资源，不仅能够给我们自身带来效益，也会增强我们的民族认同感、民族自信以及文化自信。然而，如何将我们的特色文化资源转化为具有特色的文化IP，创造好的文创产品，仍然是需要去努力解决的问题。特别是对于一些传统的技艺，虽然进行了文创产品设计，却因为其缺少现实情感基础，没有创造出迎合实际需求的IP形象，从而导致销量很差。因此我们在对特色文化进行提炼设计时，要特别注意两点，一是要使设计符合现代人的审美需求，二是能够抓住特色文化元素的精髓，并将其运用到文创产品的设计中，这样做出的产品才能够脱颖而出。

第二节　特色文化 IP 之自然景观

　　旅游产业经过长期的发展，已从早期简单的旅游观光进入到以打造文化旅游体验为核心的时代。如今，IP 已经成为旅游产业中重要的组成部分。从产业角度来看，IP 是具有产业化特征的旅游推广物，对于未来旅游业的发展有着重要的作用。IP 首要的属性之一是要拥有独特性且具有吸引力，而我国传统景区的自然景观就是最具吸引力的要素。中国自古以来的思想追求便是"天人合一"，而旅游时，感受自然在多数情况下成为首要目的。随着人们对于自然的重视，"氧吧""生态""天然"等关键词的出现日益频繁，对景区而言，自然景观的重要性也逐渐提升。而对于文旅产业，拓展自然景观元素的文创是一个符合时代需求并且能够有效提高经济效益的方式。

　　自然景观的内涵非常丰富，包括了天然景观和人为景观的自然方面，天然景观多是指仅受到人类间接或者轻微的影响，仍然保持着自然原貌的景观，例如极地、高山、雨林等。人为景观则是指受到人类的长期影响，而使其面貌发生较为明显变化的景观，例如乡村、工矿、城镇等，虽然人为景观是人类作用的产物，但其仍服从于自然发展规律。显而易见的是，自然景观含义中的人为景观并不包括经济与社会等方面的特质。相比起人为景观，自然景观具有如表 2-1 所示的特点。

表 2-1　自然景观特点

特　性	概　述
自然性	一切自然景物都是大自然演变的产物，其过程仅仅受到轻微的人类活动的影响
地域性	自然景观是由各种自然要素相互作用而形成的，它具有明显的地域性特征，如中国风景的"北雄南秀"的特征反映了南北自然景观的差异
科学性	自然景观各个要素之间所具有的各种复杂多样的因果关系和相互联系的特点，反映在各个方面。因而自然景观的具体成因、特点和分布，都是具有科学性的
综合美	从旅游审美的角度上看，一切自然景观都具有自然属性特征的美。大多数自然景观美都是由多种构景因素组成的，它们相互配合，融为一体，并与周围环境相协调，所以体现出综合美的特点
差异性	自然景观虽是大自然本身的产物，然而"千座山脉难以尽奇，万条江河难以尽秀"，复杂的气候环境下，不同地区的自然景观有着极大差异；另一方面，自然景观之所以能成为人们审美的对象，是与社会的发展水平和人们的综合素质分不开的。两个人同游一处美景，一个人能看到它的美，另一个人却看不到它的美，这是由于两个人的综合素质差异造成的

中国本身就拥有着极为复杂的地貌特征，其地貌种类的多样与典型是其他国家难以企及的。中国不仅有着常见的构造地貌、河流地貌、海岸地貌，而且还有冰川作用遗迹、冻土、戈壁、沙漠等，涵盖了有关自然景观的所有类型，具体分类如图 2-1 所示。

传统旅游景区的营销大多数通过多层面的品牌运营、优质的产品体验、创意性的营销事件等手段来完成，而如今景区营销回归到核心，需要拥有可营销的产品。基于文创产业发展的趋势，如今景区文创成为旅游营销的重要载体，通过文创产品来宣传景区文化，树立景区的 IP 形象。

景区 IP 有着得天独厚的优势，这便是其自身的景观资源。相比于其他的文化符号，自然景观本身就具有极高的认同度，为树立 IP 形象打下良好的基础。而在运用自然景观作为 IP 形象并设计衍生产品的过程中首要的便是对文化脉络进行梳理，发掘能够代表景区且有着强烈象征意义的文化元素，选取并提炼出视觉符号与产品进行对接。而视觉符号最重要的就是能否代表当地文化及美观程度，这决定其能否对产品进行有效的赋能，进而促进消费，创造市场价值。文创产品的赋能着重解决的是游客的精神需求，所以，旅游文创产品开发需要与 IP 深度结合。旅游文创产品不仅是旅游商品，在满足游客消费需求之外，更应该满足游客的精神需求。因此，旅游文创产品应是一个拥有自然景观文化内核的产品，而不仅仅是对于自然景观元素的直接使用。粗制滥造的文创产品无法与用户建立情感联系，更无法完成持续推广自然景观的使命。

山岳	安徽黄山、江西庐山、浙江雁荡山 东岳泰山，西岳华山，北岳恒山，中岳嵩山，南岳衡山 安徽齐云山、湖北武当山、四川青城山、江西龙虎山
水域	长江三峡，虎跳峡，雅鲁藏布江大峡谷 黑龙江镜泊湖，新疆天山天池，旷秀太湖 贵州黄果树瀑布，黄河壶口瀑布
森林草原	湖南张家界国家森林公园，云南西双版纳，东北长白山森林 内蒙古锡林郭勒草原，新疆巴音布鲁克草原，甘肃夏河草原 四川九寨沟自然保护区（金丝猴），山西洋县自然保护区（红鹤）
特殊地貌	广西桂林，四川九寨沟 敦煌月牙泉（鸣沙山），新疆乌尔禾（风蚀"魔鬼城"），甘肃张掖（丹霞地貌） 塔克拉玛干沙漠，巴丹吉林沙漠

图2-1 自然景观分类

山岳文创案例

张家界文创设计　以张家界最负盛名的自然景观"天门山"以及"天门洞"为原型，将巍峨的天门山拟人化为极具个性的IP形象，让其具有年轻、可爱、时尚的气质，使之符合现代人的审美，贴合张家界天门山旅游景区的定位，具有较高延展性。可融入张家界文化内容对IP形象进行系列延展，使之具有多元的系列角色。（图2-2）

富士山文创设计　产品的外观依据富士山的造型特征，将其自然地分割成山顶和山体两个部件，通体的亲肤材质与柔和的色调具有强烈的人情味，同时通过按捏雪山部位的开关设置，以高趣味的方式拓展富士山的IP形象，是一件从内到外关注情感体验的产品。（图2-3）

图2-2　"天门是座山"——张家界文创（设计：站酷网/万鱼鱼）

图2-3　富士山夜灯（设计：普象网/MUID觅逗）

图2-4 雅安龙苍沟景区文创设计（设计：洛可可）

水域景观文创案例

雅安龙苍沟景区文创设计 龙苍沟的文创产品将"藏"作为主线，来表现龙苍沟的含蓄内敛，并提供引人探寻的线索。同时将游客们的旅游生活与产品相结合，从旅游片段的细节入手，为游客保存下旅游时的回忆。（图 2-4）

苍山洱海文创设计 产品通过结合金丝楠与环氧树脂两种材质，还原记录下苍山洱海的美景。手工完成整个作品，每件都有着不一样的色彩。层层白色浪花拍打着海岸，这便是其中的意味。（图 2-5）

图2-5　苍山洱海首饰盒（设计：普象网/逃鱼儿）

森林草原文创案例

内蒙古草原文创设计 从内蒙古草原提取灵感，结合具有内蒙古草原象征意义的蒙古马，将蒙古马剪影与卷草纹相结合，表达其地域属性，同时在纹饰的表达上，赋予流动的动势，体现在草原上微风吹拂青草的景象，为旅客记录草原美景。(图 2-6)

黄海森林文创设计 产品是一份纪念礼盒，以黄海森林中特有的水杉、银杏为元素，结合森林内的树、花、鸟，突出森林的朝气与蓬勃。(图 2-7)

图2-7 "森情厚谊"文创礼盒（设计：苏橙文创）

图2-6 草原之灵（设计：崔恒湛/指导：王丽）

自然景观文创案例

桂林自然景观文创 《桂·物》文创产品基于桂林独特的喀斯特地貌，提取了桂林山水的地貌特征，并结合桂林标志性的象鼻山景点，使产品与地区具有强烈的贴合度，凸显地域特征。（图 2-8）

七彩丹霞自然景观文创 以景区视觉特征为核心，从用户体验入手，以服务系统提升强化游客与各个景点游玩的特色体验，满足游客各类型需求，承接文化消费。寻找文创产品的发展趋势，运用文化符号或元素设计旅游纪念品。结合丹霞地貌——地质色彩斑斓的特点，提炼为图案元素，设计一系列实用的文具产品。（图 2-9）

图2-8 桂·物（设计：罗燕珍/指导：王丽）

图2-9　七彩丹霞自然景观文创（设计：洛可可）

小结　当游客从景区离开，带走的是情感与记忆，同时也有旅游产品，当旅游产品被购买后，它的礼赠、纪念属性让产品能持续推广营销景区。随着互联网＋时代的到来，旅游文创产品的设计呈现出新的形式与特点，以典型的 IP 形象为主打进行衍生品的设计营销将是今后长盛不衰的主流方向。中国拥有得天独厚的地貌优势，每个地区的自然景观各有千秋。在进行旅游文创产品设计时要抓住这一优势，更好地利用自然景观资源为旅游产业助力。

用创意打造旅游产品，塑造产业品牌，增强核心竞争力。在挖掘资源的基础上突出民族性、独特性、亲切性，筛选出核心文化价值，借助可视文化载体的全方位的展示对旅游者心境体验的满足，开发出有层次、系列化和高品位的文化旅游产品。

第三节　特色文化 IP 之民居建筑

　　我国疆域辽阔，各地的地理气候条件有着极大的差异，因此各地人居住的习惯与风俗也各不相同，导致各地的民居建筑在样式与风格上千差万别。从建筑结构与空间模式的角度看，大概列举了如图 2-10 四种民居建筑类型。

　　立足于地方特色民居建筑，打造富有人文精神内涵的特色文化 IP，既能让人们从熟悉的角度看到其背后包含的智慧与文化底蕴，增强对本国传统文化的认同与自信，又能在传统的民居建筑中融入现代创新元素，焕发出新的生命力，促进我国传统文化走出国门，进而得到真正的传承与保护。

院落式	水乡民居 徽州民居 北京四合院 山西大院等
楼居式	福建土楼 傣族竹楼 土家族吊脚楼 藏族碉楼等
穴居式	靠崖式窑洞 下沉式窑洞 岩洞民居等
特殊式	藏式民居（布达拉宫） 蒙古族蒙古包等

图2-10　民居建筑形式分类

几

本次设计是以传统建筑屋檐为特色。加入金属元素，打造混搭风格。
This design is characterized by traditional building eaves.
Add metal elements to create a mix style.

挂衣架
后侧挂衣服的有如上翘的屋檐——飞檐，轻盈活泼。中间横档有如"几"字，就像龙泉当地古色古香的建筑风格。前侧有如弦，用来挂围巾，有垂感又有拨动人心的感觉。下方是抽屉可以存放物品，上下形成了鲜明的虚实对比。拐角和底座都是金属，将竹与金属混搭又别有韵味。

花台
承放花盆是飞檐的造型，轻盈活泼，与笨重的花盆形成对比。中间也将龙泉建筑特色延续，更像一个"几"字，也像一座桥梁起支撑作用。拐角和底座都是金属，将材质与材质融合在一起。

图2-11 几（设计：许丽、王丹娜）

徽州民居　徽州民居是徽文化的重要组成部分，其建筑设计完美融入了环境的青山绿水和徽州人民的风俗文化，从村庄的地理规划，到民居中雕刻艺术的运用，都充分体现了精细、精致的鲜明地方特色，这种深厚的文化底蕴被广泛运用在各种特色文化 IP 产品设计中。

徽州民居最具地方特色的是马头墙的形状与结构，以及其黑白灰的整体配色，这两个元素经常在文创产品中被进行创新运用，用简练的现代化线条语言描绘出徽州民居精巧的特点。

《几》《归衣》是以徽州民居的马头墙为基本元素设计的中式多功能衣架，产品将复杂的建筑元素进行简化处理，并加入其他材质的混搭，不仅凸显出江南建筑的儒雅恬静，也不乏时尚美感，兼顾了功能性和装饰性。（图 2-11、图 2-12）

　　《徽茶·茶具》则是将两种元素融入产品的造型、功能和色彩中，茶架和茶壶提手的结构设计来源于马头墙，黑白灰渐变的茶杯模拟了徽州民居古旧的墙壁，前者与后者相呼应，使得整套茶具宛如一片错落有致的江南建筑群，赋予其独特的文化含义。（图 2-13）

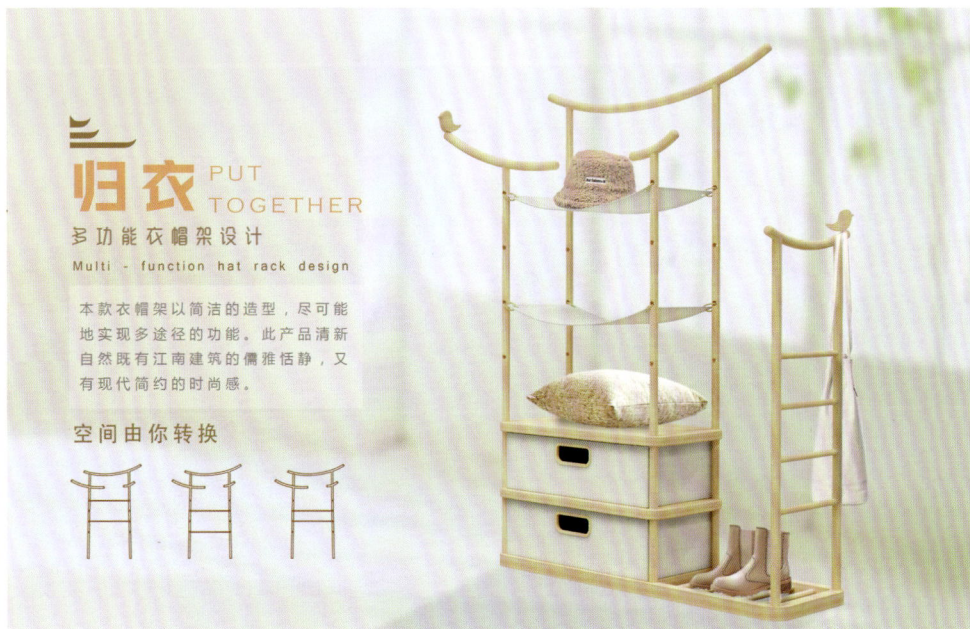

图2-12　归衣（设计：陈样子、龚媛青）

图2-13　归衣（设计：陈样子、龚媛青）

图2-14　水乡团扇书签（来自站酷/快乐萝拉）

水乡民居　一般分布于沪宁杭地区内，即江南地区。与皖南不同的是江南地区多平原，有更多河流，每家每户临水而居的独特生活方式，把人的生活、生长融入自然环境之中。水乡民居的色彩和造型朴素典雅，整体结构与细节装饰将直线美、曲线美和弧线美充分运用在设计中，这种视觉上的美感与精致是水乡民居建筑最独特的符号之一，因而在特色文化 IP 文创产品设计中经常被使用。

《水乡团扇书签》用类似传统水乡建筑窗户的装饰形式，用曲线与直线描绘出水乡特有的拱桥、河流和临河而建的民居建筑（图2-14）。而书签整体的外形似一面江南团扇，强化了产品整体的地域文化特色。《忆江南书签》和《缘起名片盒》以水乡民居的窗户花纹为主要装饰元素，木质材质凸显江南的朴实典雅之感（图 2-15、图 2-16）。《江南茶具》将建筑整体造型进行抽象化处理，原本分明的黑瓦白墙也降低了饱和度，整套茶具在使用中更展现出江南水乡的朦胧美。（图 2-17）

图2-15　忆江南书签（来自普象网/匠艺原创红木小物）

图2-16　缘起名片盒（来自普象网/匠艺原创红木小物）

图2-17　江南茶具（来自普象网/SONO三目）

土楼　土楼是最具代表性的集体性楼居式民居建筑，具有鲜明的地方特色。外形奇特而又富有神秘感，且牢固实用。这种建筑方式既有利于内部家族凝聚团结，又能防御外部战争，一幢土楼里就能形成一个相对独立的社会，因而在历史学及建筑学领域也有深远的研究意义。近年来涌现了越来越多以土楼为原型设计的地方特色 IP 文创产品。

《浮世绘》竹元素时尚用品设计灵感就来源于土楼的建筑外形，通过对土楼的外部造型提取，将竹条进行排列，增加布料使箱包具有一定的私密性，竹材和布料的搭配，柔化箱包的硬朗的感觉，使造型的整体感觉更加的柔和。同时对布料进行进一步的设计，与竹框外造型呼应，形成一种新的视觉感受，赋予整体产品具象或意象的想象空间（图 2-18）。《土楼台》桌面笔架及香薰台的设计也以土楼的外观造型为原型，用胡桃木和樱桃木来制作，既贴近原型，强化了土楼这个特色文化视觉象征，又给产品带来了现代感、高级感（图 2-19）。《土楼夜灯笔筒》的造型较前者更加抽象，其色彩与表面处理工艺更富有现代化，又融入夜灯的功能，丰富其功能性（图 2-20）。

図2-18　浮世绘（设计：洪米雪/指导：傅桂涛）

図2-19　土楼夜灯笔筒（来自站酷/DSone）

図2-20　土楼台（设计：童泽超/指导：王丽）

藏式民居（布达拉宫） 藏式民居建筑的特殊结构与造型，其成因是高原地区独特的自然环境、宗教文化与历史文化，在视觉上它往往给人稳固结实的感觉，又在装饰与色彩上富有神秘感，而这种宗教神秘感正是各种藏式民居特色文化 IP 的独特象征符号。最著名的宫堡式建筑群布达拉宫，既有着藏式民居建筑的坚实稳固与宗教特征，又比普通的藏式民居更加气势恢宏。

《西藏布达拉宫主题熏香》的外观造型源于布达拉宫的建筑，主要提取红宫，石梯，窗户的造型。布达拉宫本身有着浓重的藏传佛教色彩，且藏族人在日常生活中有使用熏香的习惯，结合这两点，不仅整体外观具有布达拉宫的显著特色，让人一眼就能辨识到特色藏元素，同时在使用时有着烟雾缭绕的效果，进一步衬托出布达拉宫神圣的特点。（图 2-21）

图2-21　西藏布达拉宫主题熏香（设计：旦增卓嘎/指导：傅桂涛）

蒙古包 作为代表蒙古高原游牧文明的传统住居建筑，其圆润的流线型造型和鲜明蒙古族特色装饰色彩，已经成为了游牧民族的代表符号，也是每一个牧民心中不可磨灭的回忆与情感。蒙古族特色文化IP经常会以蒙古包为原型，结合现代化审美需求，提取得到新式的视觉形态符号，这种创新方式不仅传承了蒙古族特色文化，也使得蒙古包这一传统民居建筑形式能够在现代焕发出新的生命力。

《追光马》是一款蒙古族特色床头夜灯，其灵感来源于蒙古马守望相助的特性，再融合蒙古包能够提供保护与温暖的功能特性，以及光对于人们的特殊意义，三者和谐共生传达出一种守护的情感（图2-22）。《蒙古包挂坠 暖》则是用平面线条概括蒙古包的造型，金属的材质和镂空工艺既突出草原特色，又富有现代视觉美感。（图2-23）

图2-22 追光马
（设计：黄琴/指导：王丽）

图2-23 蒙古包挂坠 暖
（来自站酷/nq0415）

第四节　特色文化 IP 之历史人文

　　人文就是人类文化中的先进部分和核心部分，在历史的长河中，人类产生了众多先进的、科学的、优秀的、健康的文化。这些文化存在于各个时期的经济、文化、外交、军事等众多范畴中。人们挖掘和提炼其中具有辨识度和差异性的文化，从而形成独特的特色文化 IP（图 2-24）。

朝代	代表人物和事件	
史前	伏羲氏、神农氏、黄帝 诞生盘古开天、精卫填海、女娲造人等神话	
夏朝	大禹、启 大禹治水 世袭制朝代诞生	
商朝	武丁 青铜时代进入繁盛时期 具有成熟性的文字甲骨文出现	
周朝	武王、商鞅、孔子、屈原 实行分封制 井田制 商鞅变法 百家争鸣	
秦朝	嬴政、李斯 建立中央集权制度 统一货币和文字小篆 焚书坑儒 建造兵马俑	

图2-24（a）　中国历史上的部分代表人物和事件

西汉	刘彻、霍去病、司马迁、张骞 实行"罢黜百家，独尊儒术" 《史记》完成 开启路上丝绸之路	
东汉	刘秀、蔡伦、张衡、华佗 造纸术的发明 地动仪和浑天仪的发明 五禽戏的创作 佛教经白马寺传入中国	
三国	刘备、曹操、孙权、诸葛亮 三足鼎立 挟天子以令诸侯 曹魏文学发展良好，有《洛神赋》 《文心雕龙》等	
晋朝	司马炎、刘徽、王羲之、陶渊明 中华文化发展重要时期，有《三国志》《九章算术》《兰亭集序》等 玄学盛行，有《老子》《庄子》和《周易》等	
南北朝	邢邵、魏收、温子昇 文学发展迅速，有《孔雀东南飞》《木兰辞》等 佛教发展迅速，有敦煌千佛洞、云冈石窟、龙门石窟、麦积山石窟等	
隋朝	杨坚、李春 建造隋唐大运河、建造赵州桥	
唐朝	李世民、李白、白居易、阎立本、颜真卿 唐诗发展至巅峰 壁画事业发达 楷书迅猛发展 与世界多国文化交流频繁	
五代十国	李煜、顾闳中 雕版印刷出现大规模印 制制窑技术高超，定窑兴盛 发明澄心堂纸 诗词书画得到发展，有《韩熙载夜宴图》	

图2-24（b） 中国历史上的部分代表人物和事件

宋朝	赵匡胤、王安石、欧阳修、苏轼、岳飞 秉诗、词、散文走向兴盛 科学技术大力发展，有《梦溪笔谈》、针灸技术发展 儒学复兴，出现程朱理学	
元朝	成吉思汗、关汉卿、马致远、赵孟頫 多民族国家进一步巩固 元曲与小说大力发展，有《窦娥冤》《西厢记》等	
明朝	朱元璋、朱棣、汤显祖、唐寅 修编《永乐大典》 青花瓷发展进入鼎盛时期 小说、戏曲、绘画大力发展，有《西游记》《牡丹亭》等 古雅精丽的明式家具大力发展	
清朝	康熙帝、乾隆帝、曹雪芹、詹天佑 编纂《四库全书》 诞生京剧 小说著作有《红楼梦》等 园林得到大力发展，修建圆明园 修建京张铁路	
近现代	孙中山、鲁迅、林徽因、邓小平 半殖民地半封建社会的终结阶段 五四运动兴起、富有民主与科学精神的文艺作品飞速发展，有《呐喊》《你是人间的四月天》等 近代中国建筑进入研究汇编	

图2-24（c）　中国历史上的部分代表人物和事件

图2-25 "王的士兵"系列
产品（设计：曹腾）

图2-26 铠甲彩文复古系列胶带
（设计：兵马俑淘宝文创）

"兵马俑"系列文创 秦始皇陵及兵马俑坑被联合国教科文组织批准列入《世界遗产名录》，并被誉为"世界第八大奇迹"，它的文化价值有目共睹。自 1979 年秦始皇兵马俑博物馆开馆以后，兵马俑逐渐走进大众视野。随着近些年国潮风的盛行，有关兵马俑的文创越来越多。

2019 年淘宝开启"国宝联萌"活动，意在开发国宝 IP。从 IP 引入、创意衍生品设计生产与销售、再到 IP 二次创作商品版权保护，提供全方位、全链路、全生态支持。来自台湾的设计师曹腾为兵马俑设计了"王的士兵"创意手办（图 2-25）。他从 8000 尊兵马俑中挑选出三尊作为原型，溯源兵马俑原本的姿势、服饰、发型、面部表情等，并结合当下二次元漫画降维风格进行创新，创造出好看好玩有梗有内涵的"王的士兵"。将军俑、跪射俑、御手俑变成了服务兵、食侍兵和应援兵，分别用作笔架、牙签盒和加油手办摆件。

秦朝纹饰图案题材内容比较广泛和丰富。由此兵马俑淘宝文创店设计了铠甲彩文复古系列胶带，提取了秦始皇陵将军俑鱼鳞铠甲以及秦砖菱形花纹等纹饰为元素设计而成。通过纸胶带对这些纹饰的展示，使我们可以了解秦代的审美、历史和文化（图 2-26）。

"战鼓"蓝牙音响设计　鼓是用来鼓舞士气、指挥军队前进的讯号。鼓声震天，士卒们就会奋勇向前。如图 2-27，设计师以鼓为元素而进行蓝牙音箱设计，两者皆是发声容器，有异曲同工之妙，将有着千年历史的乐器融入时尚流行的内涵，使其在现代继续发出振奋人心的乐响，让历史文化在新时代的 IP 打造中发光发热。从细节处来看，音响的底部支架来源于战鼓支架，同时简化以更加圆润的形态呈现；音响的花纹装饰来源于龙纹图样；音响连接件来源于鼓面的铆钉。因此产品处处显露出历史的底蕴。

图2-27　"战鼓"蓝牙音响（设计：旷世达人/普象网）

花木兰周边商品设计 花木兰是中国古代的巾帼英雄，忠孝节义。迪士尼被她的英勇善良感染，把她列为迪士尼公主，以她为原型拍摄电影并开发了一系列文创周边，使得这个 IP 形象不仅在中国广为流传，更是享誉世界。

图 2-28 中展现的是迪士尼商店设计的花木兰纪念徽章和花木兰宫殿笔记本。三件徽章分别是挥剑的花木兰、电影中与花木兰并肩作战的凤凰和刻上了"忠勇真"的剑。徽章小巧精致，具有收藏价值。笔记本里的插图展示了辉煌大气的中式宫殿，飞檐斗拱的建筑结构尽显中国古典建筑的精美绝伦。

"李白"酒瓶设计 李白是唐代的浪漫主义诗人，为人豪爽大方，爱饮酒作诗。作为拥有传奇一生的历史名人，有太多文化内涵等待设计师不断深挖、剖析和提炼。优化其文化内涵，可以为特色文化 IP 的打造提供有力的文化支撑。

李白的诗句中关于故土明月、美酒桃花、孤独情怀、知音元素不断出现。由此为切入点，设计师设计了如图 2-29 所示的酒瓶和包装。外盒与酒标统一为工笔画桃花，富有淡雅的中国特色。酒瓶共有三种颜色，分别为浅雅金、雪月粉和静思蓝，对应李白跌宕起伏的一生。瓶盖设计成了酒杯的形式，举杯邀明月，对影成三人，独饮合饮都便捷有趣。

图2-28 花木兰宫殿笔记本和木兰纪念徽章（设计：迪士尼商店）

图2-29 "李白"酒瓶和包装（设计：张小军/站酷）

"众佛杯"设计 佛教在中国有源远流长的历史，龙门石窟是佛教的经典产物和瑰宝。它是世界上造像最多、规模最大的石刻艺术宝库。近些年有关龙门石窟景区的IP设计络绎不绝。三色鸟创意设计公司设计了一款围绕以洛阳"龙门石窟"IP元素为主题的文创产品——"众佛杯"。（图2-30）

整个杯子和包装的元素都来源于龙门石窟，杯身以龙门山的"崖壁（轮廓）、佛像（奉先寺像龛群雕）"为创作点，并在杯身中上部结合雕刻风格，形成凹凸的、符合人体工程学的手持防滑设计。杯盖外沿以龙门山（外轮廓）为原型，杯盖手柄处以石窟的大佛为原型，形成以众山环绕大佛之势。产品外包装外观以龙门山手绘线稿为主要元素进行创作，并辅以佛教文化的莲花洞顶花纹来进行边扣设计。包装结构以"扇形莲台、佛光"来表现出开盒的仪式感以及趣味感。设计师把洛阳龙门石窟IP元素和现代的设计手法完美结合，从而设计出这款将古典与现代结合的产品。

图2-30 "众佛杯"（设计：三色鸟创意公司/站酷）

"梦回十三行"回形针设计　广州十三行是清代专做对外贸易的牙行，是清政府指定专营对外贸易的垄断机构。与亚洲、欧美主要国家都有直接的贸易关系，有"海上丝绸之路"的美誉。为了更好的设计和推广这一特色 IP，设计师通过研究分析明清时期十三行的大宗外销品，从其品类、出口量及市场普及度等方面择定四个品类为设计对象，分别设计了四个系列的回形针。（图2-31）

一、纪念版系列，包含了外销刺绣、外销银器、外销瓷器、外销扇、外销茶盒、鼻烟壶、自鸣钟、漆屏风八个品类。

二、金扇提名系列，通过外销扇的形制进行设计，分别是骨扇、折扇、团扇、羽扇。

三、点瓷成金系列，通过外销瓷器的历史演变进行设计，从青花瓷一直发展到粉彩瓷、五彩瓷、广彩瓷。

四、日进斗银系列，挑选了外销银器中四种常见用品进行设计，分别是杯子、茶壶、水壶、罐子。

图2-31 "梦回十三行"回形针（设计：三块木头/普象网）

"璋品贡"苏庄茶产业品牌设计　据历史记载，苏庄茶曾作为明太祖朱元璋的贡茶，朱元璋饮用古田山泉泡的苏庄绿茶后，赞美道："茶是苏庄绿，水是古田甜"。由此史实，木言文化创意设计团队把产自苏庄的茶命名为"璋品贡"，昔日皇帝茶，今入百姓家。除此之外，设计团队还进行了 logo 和茶叶包装设计，全方位打造苏庄茶叶这一特色 IP，让这款历史悠久的茶叶在新时代仍然拥有吸引力。（图 2-32）

logo 的设计蕴藏着文化底蕴，它底色的轮廓是苏庄的地图，然后将印章形式的璋与云纹和茶叶进行结合。包装设计结合苏庄地形和历史文化，一共设计了九套风格多变的礼盒。

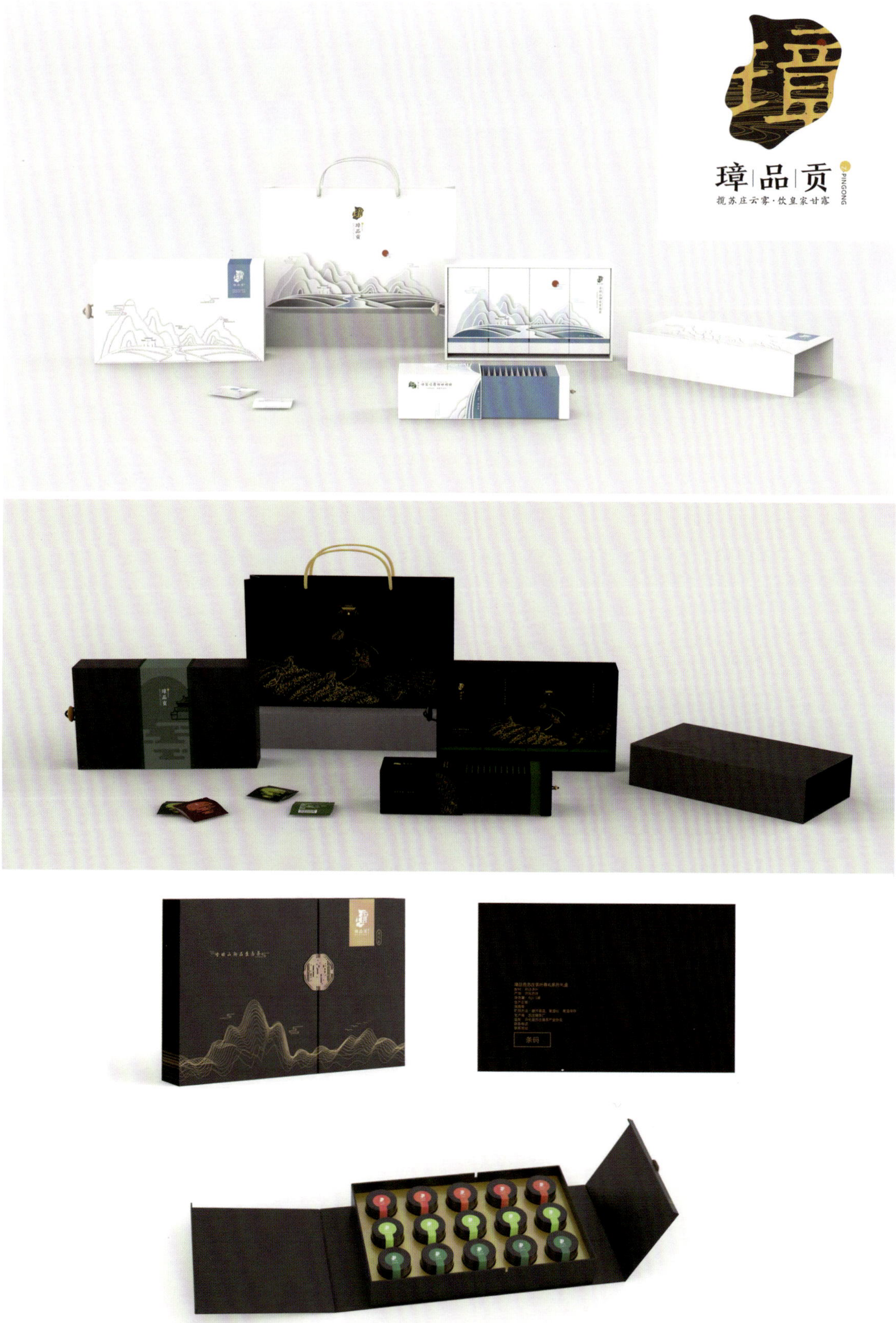

图2-32 茶品牌logo和茶叶礼盒包装（设计：木言文化创意设计团队/指导：王丽）

邓小平故里红色文创 邓小平作为中国改革开放和现代化建设的总设计师，他的故居也意义非凡。其中位于四川省广安市的故居，充分展示了邓小平青少年时期的活动足迹。

为了提升游客整体游览体验并全面推广故居IP，LKK公司设计了一系列文创作品。如图2-33和图2-34，他们考虑到游客的游览心理，选用了小平同志使用过的物品、居住过的建筑和说过的话语作为设计元素，把他平凡而伟大的精神融入产品中。成功做到以文创产品的形式将小平经历过的故事形成自述，让游客形成自传播，与自感悟。

淘宝"国宝联萌"计划负责人说过"一个国宝IP可能衍生出无限的周边，让'跨界'这两个字得到更淋漓尽致的诠释。除了大家常见的文具、服装，IP衍生品也可能是一款联名食品、一款家居用品，甚至是虚拟商品。打开想象力的边界，让每个国宝都能找到可存续的方式，并且真正融入在我们的生活里，从而被人们记住，这也是'国宝联萌'最大的价值所在。"由此可见，历史人文中蕴藏了许多可以打造IP的潜能。我国拥有着深厚的历史文化底蕴，富有时代特色的历史人文对于当代的文化IP设计有着深远的影响。设计师要学会挖掘蕴藏在人文中的内涵，它是文化IP设计的灵魂，是设计富有生命力和独特性的关键。

图2-33 邓小平故居纪念徽章（设计：LKK）

图2-34 邓小平故居相关文创（设计：LKK）

第五节 特色文化 IP 之非物质文化遗产

　　非物质文化遗产的内容比较广泛，形式也各式各样，其中包括各种实践、表演、表现形式、知识体系、技能及其有关的工具、实物、工艺品和文化场所（图 2-35）。非物质文化遗产的核心价值决定了一个民族文化的特质，也体现了一个国家独有的特色文化。以非物质文化遗产为基础，挖掘特色文化 IP，进行文创产品的设计，以一种全新的方式使人们更加清晰地、生动地了解我国的特色文化，更有助于增强文化自信。下面将从非物质文化遗产内容中的传统艺术、传统技艺与传统民俗三个方面出发，来围绕其中的特色文化 IP 进行文创产品设计。

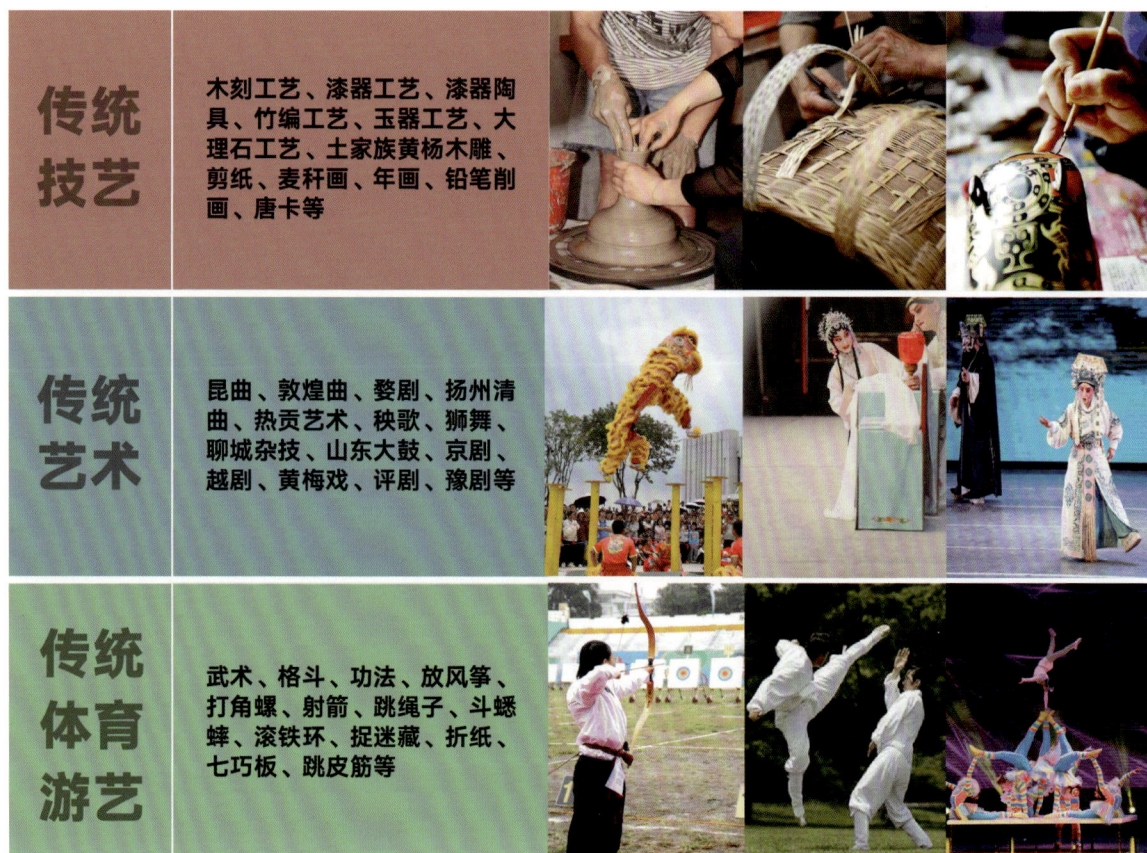

传统技艺	木刻工艺、漆器工艺、漆器陶具、竹编工艺、玉器工艺、大理石工艺、土家族黄杨木雕、剪纸、麦秆画、年画、铅笔削画、唐卡等
传统艺术	昆曲、敦煌曲、婺剧、扬州清曲、热贡艺术、秧歌、狮舞、聊城杂技、山东大鼓、京剧、越剧、黄梅戏、评剧、豫剧等
传统体育游艺	武术、格斗、功法、放风筝、打角螺、射箭、跳绳子、斗蟋蟀、滚铁环、捉迷藏、折纸、七巧板、跳皮筋等

图2-35（a）中国非物质文化遗产分类

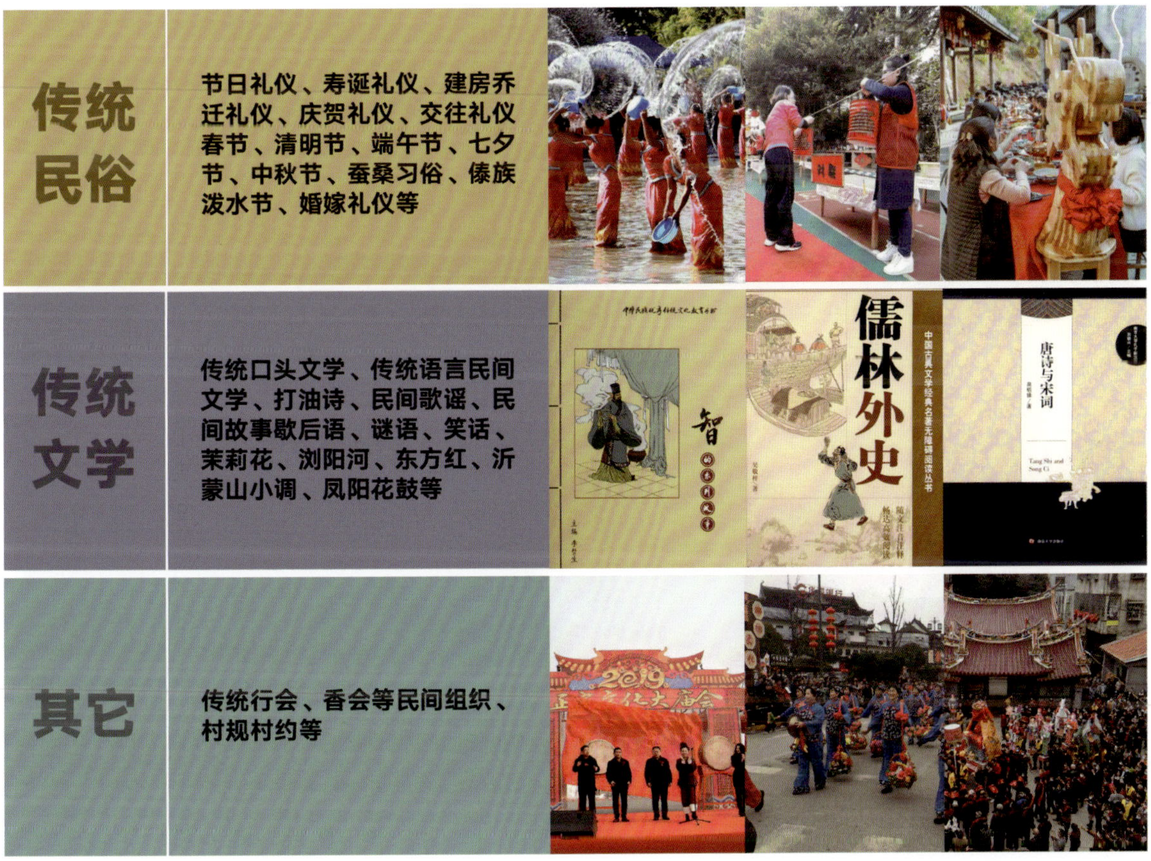
传统民俗
节日礼仪、寿诞礼仪、建房乔迁礼仪、庆贺礼仪、交往礼仪春节、清明节、端午节、七夕节、中秋节、蚕桑习俗、傣族泼水节、婚嫁礼仪等
传统文学
传统口头文学、传统语言民间文学、打油诗、民间歌谣、民间故事歇后语、谜语、笑话、茉莉花、浏阳河、东方红、沂蒙山小调、凤阳花鼓等
智
儒林外史
中国古典文学经典名著无障碍阅读丛书
唐诗与宋词
其它
传统行会、香会等民间组织、村规村约等
2019

图2-35（b）　中国非物质文化遗产分类

传统艺术

非物质文化遗产中的绘画艺术、雕刻艺术以及传统音乐能够生动的体现我们中华民族独特的文化背景、文化创造力以及大众的审美情趣。我国拥有着大量的传统艺术素材，可以从中提取相关的元素并进行创造，形成独特的文化 IP，将有助于后续的文创产品的设计。

婺剧 婺剧是浙江省的传统戏剧。2008 年婺剧经国务院批准列入第二批国家级非物质文化遗产名录。婺剧的表演夸张、生动、形象、强烈，讲究武戏文做，文戏武做。《婺剧木偶》是基于传统金华婺剧文化和木偶戏而进行的文创产品设计。将传统婺剧剧目《白蛇传》中的许仙与白素贞的 IP 形象进行简化设计，利用简单的点、线以及几何原型对人物进行设计创造，再将人物立体化，利用雕刻工艺与金属材质的融合，将金属元素融合到木质木偶上。通过磁铁吸附木偶上的金属并进行移动，就可以达到木偶随意扭动的效果，并可以在舞台上进行小型的戏曲表演。（图 2-36）

图2-36　婺剧木偶（设计：王佳莉/指导：王丽）

图2-37 敦煌曲文创产品设计（设计：沈恬/指导：王丽）

敦煌曲 其内容涉及的比较广，风格也多种多样，有鲜明的个性特征和浓郁的生活气息，通过曲生动的体现了民间的特色文化和生活状态。另外，敦，大也。煌，盛也。敦煌，一个位于丝绸之路上的节点城市，以其石窟、壁画闻名于世。如图 2-37，敦煌曲文创产品设计是以三个较为经典的壁画为 IP 形象，提取其中的代表图案、花纹，设计了"敦煌曲"系列首饰。首饰囊括了耳环、胸针、项链、手镯、戒指等常用饰品，希望让人无论身处何处都能感受到敦煌独特的文化韵味。

皮影戏 中国民间古老的传统艺术。操作皮影戏的艺人们一般站在白色幕布后面，一边用双手操纵影人使其在幕布前跳动，一边用当地流行的曲调讲述民间故事，同时还会配有乐器和弦乐的音乐，具有浓厚的乡村气息。由于不同地区的文化背景不同，所以会产生多种多样的皮影戏。而中国皮影戏于 2011 年入选人类非物质文化遗产代表作名录。

《银空》首饰的设计理念就是来源于我国传统文化皮影，皮影的镂空、皮影的块面连接以及皮影的雕刻手法——阴刻阳刻。产品的款式主要从皮影的纹样中提取的，每一个皮影都有着自己的文化故事背景，而每一套首饰也都蕴藏着丰富的情感，包含着爱情、友情、亲情等等，让你带着首饰的同时感怀着一份感情。（图 2-38）

中国传统音乐文化 特别强调天人合一，有着深刻的文化内涵，意在追求人与自然的和谐合作。《声形》是一款儿童音乐玩具，它融入示能概念，适合音乐启蒙，寓教于乐。该设计提取传统器乐中的编钟（金音）、古琴（丝音）、鼓（革音）、埙（土音）的造型以及文化 IP 元素和演奏方式，玩耍时模拟四种不同乐器演奏动作，在不同材质的部件上制造声音，这有利于儿童对传统乐器的认知，激发兴趣，开发智力。外形设计简化了四种传统乐器的造型，运用了符合儿童抓握设计的圆润弧度，方便抓握玩耍，锻炼图形辨识能力和动手能力。看——形状，玩——动作，听——声音。（图 2-39）

图2-38 银空（设计：王影）

图2-39 声形（设计：顾艳云）

脸谱 戏曲演员可以通过装扮不同的脸谱来突出扮演人物的性格特点，相貌特征，身份地位，实现丰富的舞台色彩，美化舞台的效果，舞台脸谱是人们头脑中理念与观感的和谐统一，反映了中国独特的文化特色。《竹制创意玩具》是以脸谱为核心IP，通过设计可以实现玩具脸谱的自由变化以及身份的更改。手臂也可以随意摆放造型，有较大的扩展性。另外，以京剧作为依托，既可宣扬传统文化，又能寓教于乐。（图2-40）

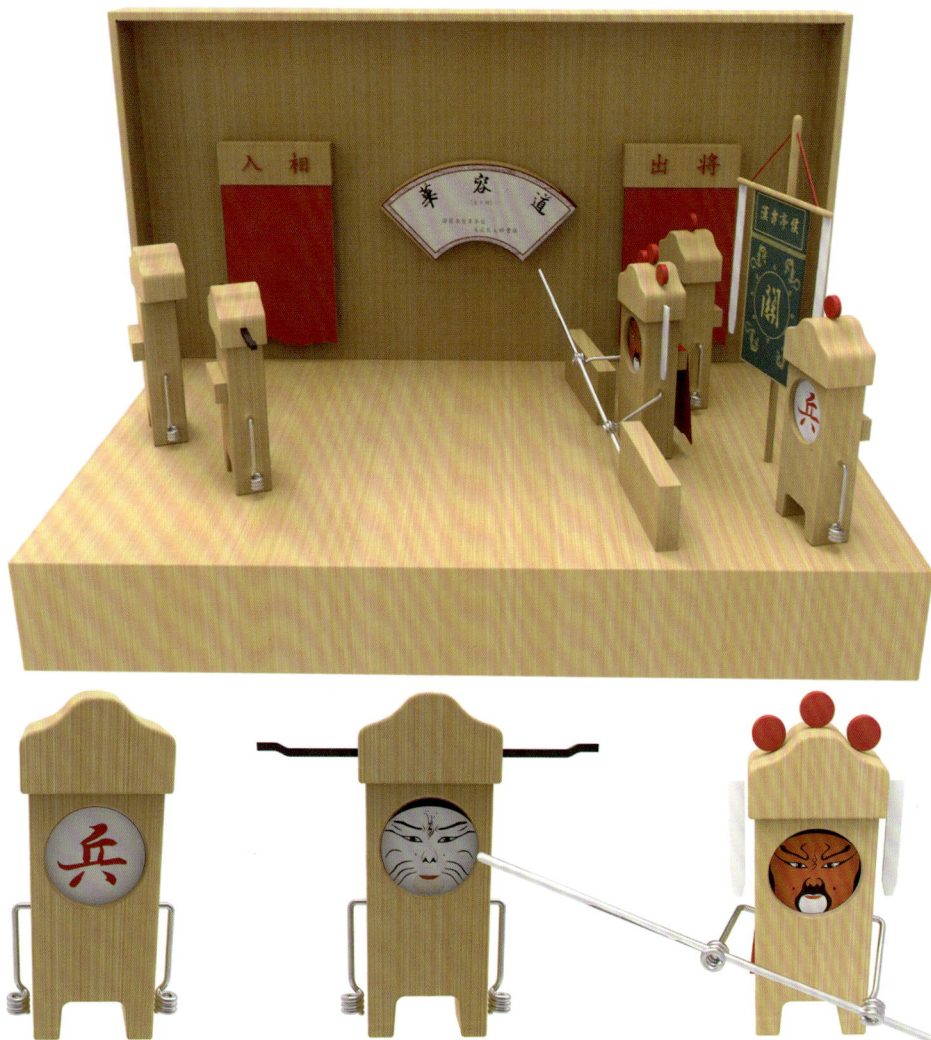

图2-40　竹制创意玩具（设计：何凯涛）

传统技艺

中国是历史悠久和文化灿烂的多民族国家，手工艺品具有独特的东方艺术魅力。几千年来出现许多精彩纷呈的手工艺品，从剪纸、年画、传统榫卯制造技艺到织绣布艺，再到雕刻、雕塑、陶瓷、漆器等。精美的手工艺品与浓郁的地域特色、淳朴的民风民俗和丰富的人文情怀息息相关，无不渗透着五千年文明古国深厚的文化底蕴。传统手工艺大体可以分为画、雕、染、编、绣这几大类。这些传统的手工技艺展现的是中国数千年来人民的智慧结晶，也是中国传递给世界的特殊名片。

传统手工艺榫卯制造技艺 以十二生肖 IP 为例，每一种生肖都有着丰富的历史传说，都可以作为一个 IP 形象，人们也通常把它们比作是吉祥的象征。历史上也留下了大量描绘生肖形象和象征意义的诗歌、春联、绘画、书画和民间工艺作品。《榫趣》就是以十二生肖为核心IP，并结合中国优秀的传统手工艺榫卯制造技艺，将十二生肖的抽象表情用榫卯结构代替，充分发挥榫卯结构的可拆卸性能，拼成了一系列桌面收纳产品，便于运输，同时也能增加桌面的趣味性。（图 2-41）

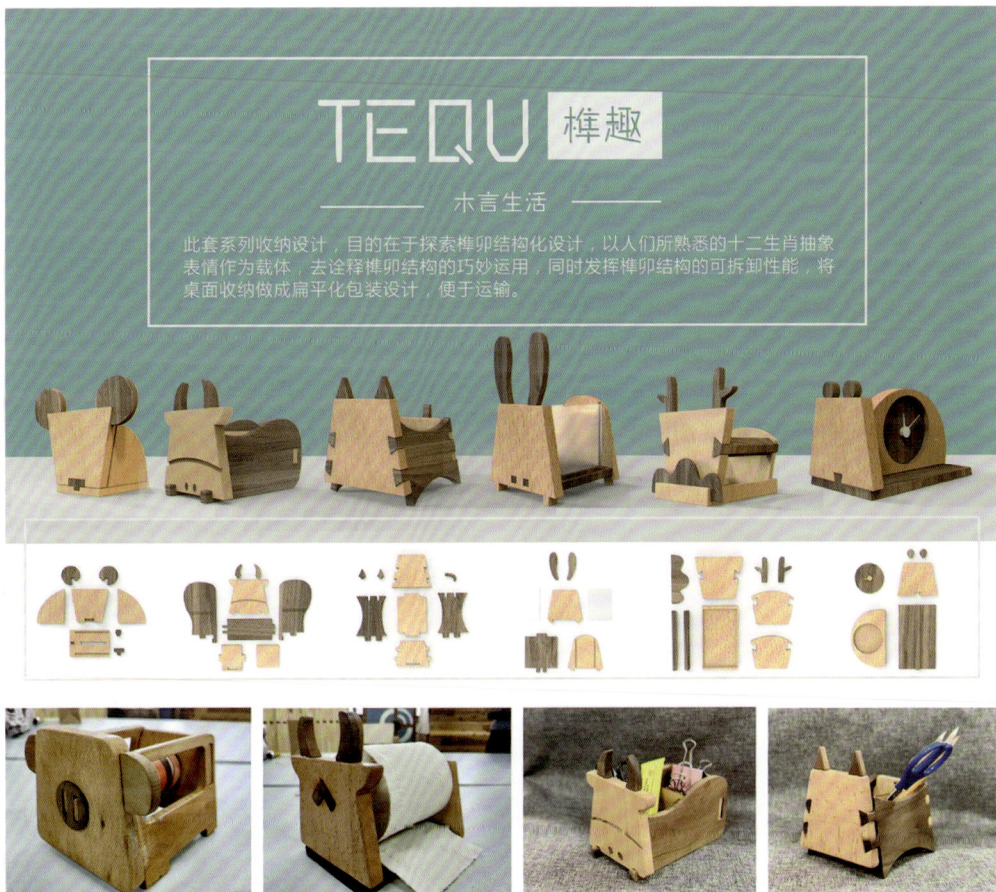

图2-41（a）榫趣（设计：汪婷/指导：王丽）

图2-41（b） 榫趣（设计：汪婷/指导：王丽）

图2-42 吾编无尽（设计：郭俊保）

竹编 中国传统竹编工艺是将竹篾编织成各种日用品和工艺品的一种手工艺，它是手工与艺术的结合体，在劳动人民的日积月累下，竹编工艺不仅创造出产品的实用价值，更具有一定的艺术价值。

竹编工艺历史悠久，在国内外均具有一定影响，精美的竹编工艺已构成民族文化的重要组成部分。《吾编无尽》主要是通过竹编纹样图形 IP进行文创产品设计，其融合了现代设计学、装饰、民族文化等因素，结合绞纹编织法、花星编织法、十字编织法、菱形纹编织法等竹编编制手法从而形成不同的花纹样式，并将其应用到抱枕、书签、灯具、画册、书籍封面等文创产品中，保护并传承了我国珍贵的传统竹编工艺技术。（图 2-42）

　　《三·体》是围绕竹藤编结技术这一传统技艺，将灯具的照明功能与藤编花篮有机地结合起来，解决了植物在室内的日常光源吸收量少的问题，很好地促进了植物的生长。造型的设计则是以满足现代年轻人审美为前提，目的是将传统手工艺——竹（藤）编与现代灯具融合在一起，积极地传承中国特色文化。竹材是一种绿色环保的生物质材料，而竹编作为传统的纹样，具有极强的装饰作用。结合竹材的雅韵之风和塑料的现代感，发挥竹编纹样的自然美感，让传统和时尚碰撞融合，形成新的实用性产品。（图 2-43）

　　《新·时器》竹编钟主要是以不同特点的竹编纹理图案为 IP，将传统竹编融入现代设计之中，选择不同的编织方法而形成的文创产品。其风格比较现代化，适合在现代家居环境中使用，既有传统风格，又有现代韵味；既有较强的装饰性，又有很强的实用性。同时，根据竹编元素，也可以制作明信片和展板等。（图 2-44）

图2-43　三·体（设计：王静怡）

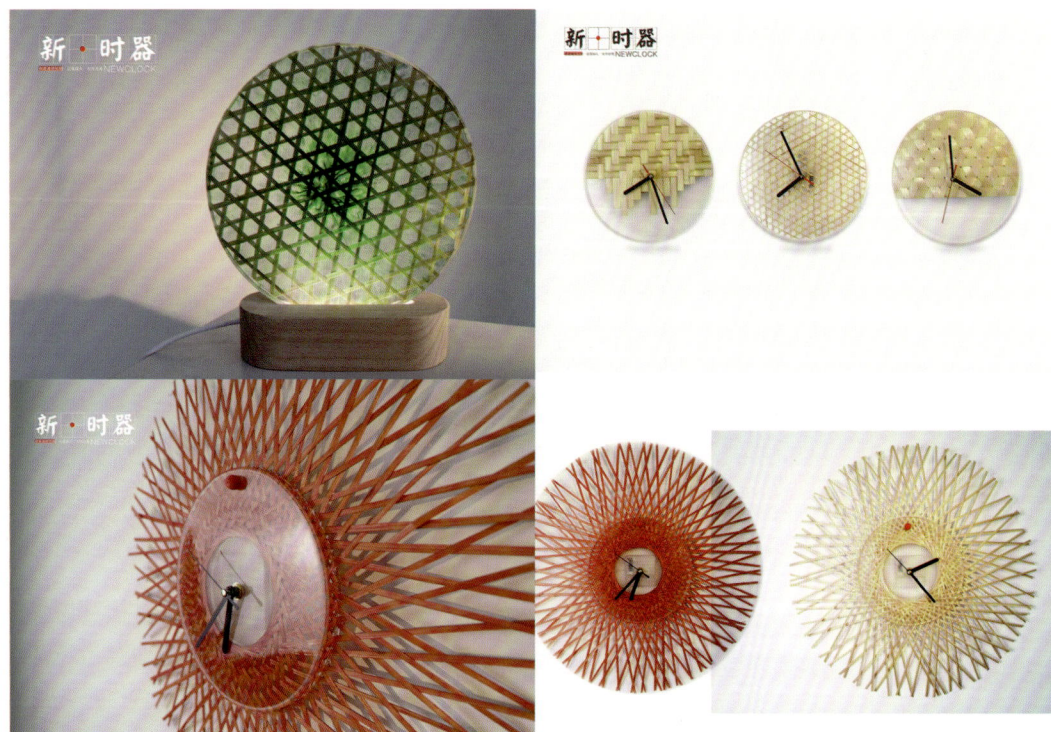

图2-44　新·时器（设计：陈晓燕）

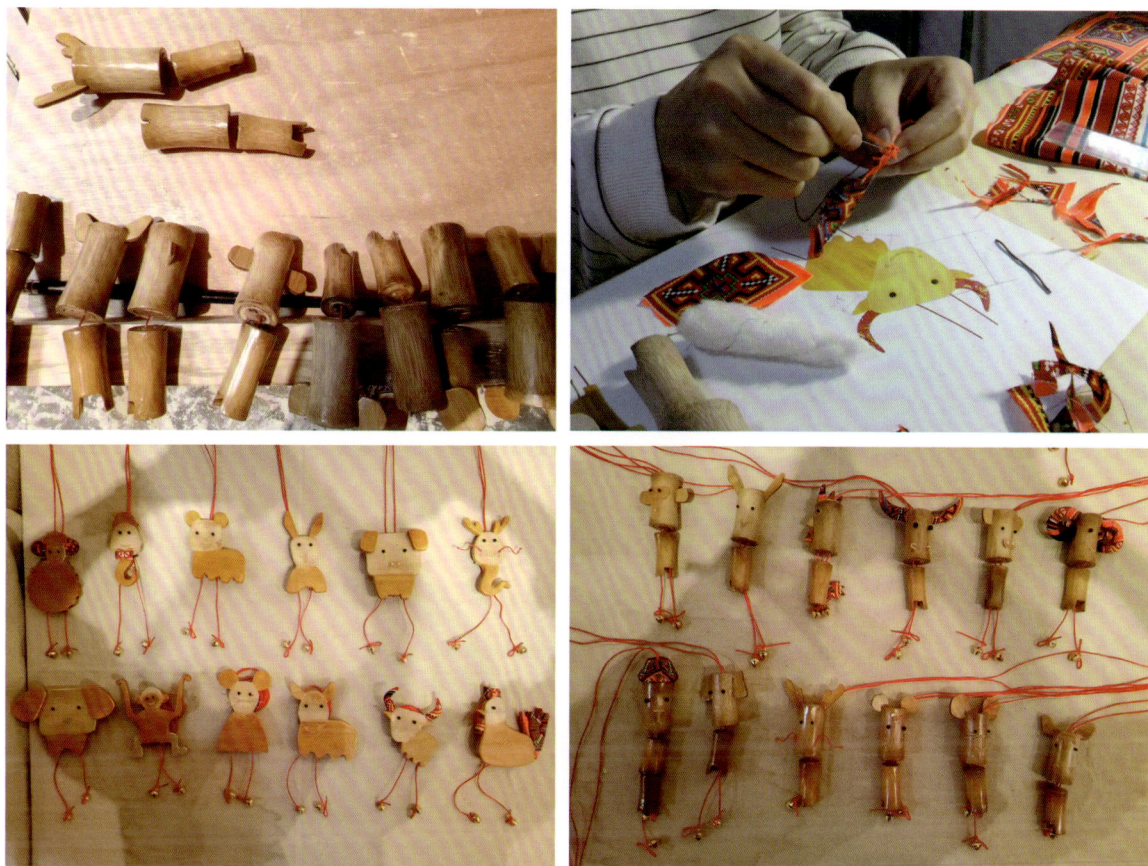

图2-45　童趣（设计：韦优丽）

传统民俗

十二生肖民俗文化、中国传统神话故事芭蕉扇以及中国节气民俗等等，这些传统民俗不仅丰富了人们的生活，还增加了民族凝聚力。这与其他国家相比，拥有着得天独厚的优势。我们可以挖掘传统民俗中的相关内容或者人物形象，并把其作为中国特色文化 IP 形象，与现代元素相结合，进行适度的娱乐化创造从而形成的文创产品，受到年轻人的喜爱。

《童趣》民间玩具就是以民俗文化中的十二生肖为核心 IP，并以竹、木两种材质为主。布料的点缀装饰以及鲜艳的颜色，都具有很强的民族色彩，可以吸引众多儿童注意力，让他们在玩乐的同时体验着民族文化所带来的乐趣，而这种乐趣是今天很多电子产品所没有的。（图 2-45）

在中国传统文化和生活中，芭蕉扇曾是人们在夏天中必不可缺的消暑纳凉工具。其中让人们印象最深刻的应该是吴承恩名著的《西游记》"孙悟空三调芭蕉扇"，它带给了人们无尽的欢乐。《竹·灯》就是以中国传统神话故事"芭蕉扇"为 IP 进行的文创产品设计。实用的夜晚柔光功能为儿童房注入更多温馨画面，挑战竹产品刻板印象，打造可爱的竹文化，让儿童房摆脱束缚，焕然一新；并将充满童心的简约造型隐喻于古典文化之中，给孩子们带来温馨的陪伴。（图 2-46）

图2-46　竹·灯（设计：董晓楠）

中国神话有取之不尽的素材，包括各种小说、寓言、传说等。大多数的神话故事都有着美好的寓意，其相关的作品也能够迅速地引起大众的共鸣。如果能够形成"中国神话系列 IP"，并把其运用到文创产品设计中，将会极大燃起人们对传统文化再创新的热情，更加促进人们的民族自豪感与自信心。

《饰言》主要是以"鲤鱼跳龙门""喜鹊报喜""仙鹤"等中国神话故事系列 IP 为核心，通过提取与鲤鱼、喜鹊、仙鹤形象相关的元素进行文创产品的设计。其中，鲤鱼跳龙门的历史传说寓意着人们在追求美好的事物过程中，虽然会受到各种挫折，但最终不畏艰险、努力前行实现了自己的梦想的美好象征。将这些美好的寓意和象征依附于耳坠、手饰、项链等产品中，将会激起人们对产品的购买欲望。（图 2-47）

鱼跃系列

折面象征着一道道艰难险阻
独自出发，寻光奔跑的我们
就像深海中的鱼努力向光亮游去
一路上虽然也曾彷徨和胆怯
却依然步履坚定地前行
所求的或许就是登顶后的自身蜕变

楔钉榫　　　　鱼　　　　浪

鹊语系列

小轩窗，正梳妆
喜鹊声喳喳，俗云报喜鸣
元素提取自岭南建筑和窗棂
捕捉喜鹊立于窗沿的姿态
传达出美好的寓意

喜鹊　　　　　楔钉榫

窗棂　　　　　岭南建筑

鹤翎系列

渺渺青云
丹顶宜承日，一身霜翎白不暇
是卓尔不凡的高洁雅趣
是长寿仙气，亦是自由无拘
翱翔千里，来去千年

楔钉榫　　　　鹤　　　　云

图2-41　饰言（设计：陈姝颖/指导：王丽）

二十四节气是中国历法的独创，运用了中国传统文化中的阴阳、五行、八卦学说，反映了日月五星天体的运行规律，集中体现了古人认识自然和解释自然的宇宙观。东方美学在中国则体现在中国传统文化与先秦诸子对道、气、虚、实的把握，如强调阴阳八卦、水墨黑白相生等。东方美学的体系更加重视表达神韵与意境、象征与典雅的朦胧的精神内涵。因此，东方美学与二十四节气从内涵和元素上都是高度吻合的。以二十四节气这一特色民俗文化 IP 为核心，分别对二十四节气相关的文化元素进行提取与凝练，结合东方美学的典雅、朦胧等精神内涵，并以珍珠作为点缀进行相关首饰产品的设计。如图 2-48，以立春节气文化 IP 首饰设计为例，其造型主要是提取了杨柳、冰川、湖水以及鱼儿。东风吹动杨柳枝叶，冰面河水下的鱼儿游来游去，组成了一幅美丽的画卷，正如立春节气所带给人们的温暖与希望一样。

小结 以非物质文化遗产相关内容为设计元素，并对相应的文化元素进行提炼所创造的文创产品，不仅具有良好的经济价值，也能够促进非遗文化的传播。当然，对非遗文化元素的提取，也不仅仅只局限于以上我们所提到的传统艺术、传统技术以及传统民俗，还包括传统体育和游艺等。由于非物质文化遗产的内容比较广泛，我们在对其内容进行提炼时，要特别注意文化元素的特色，只有这样创造出来的文化 IP 以及文创产品才能够吸引住大众。另外，相比较于其他文化元素，在对非遗文化元素提取的过程中，大多数情况下需要我们抓住非遗文化元素的精髓，打造一个具有特色文化的 IP 形象，然后将这一形象融合到文创产品设计中，才能发挥其最大的价值。

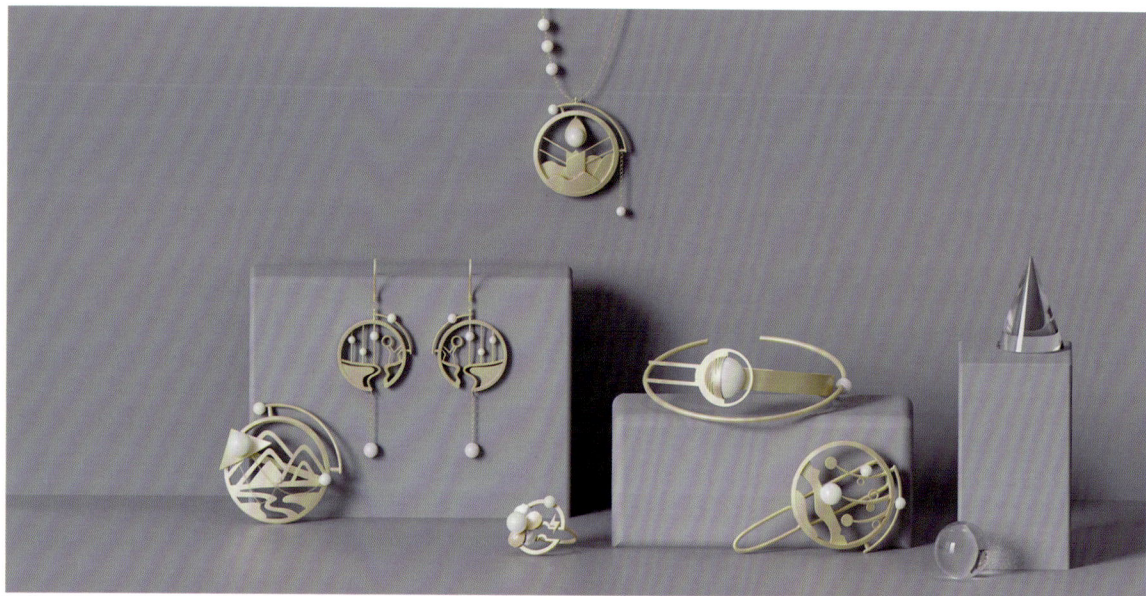

图2-48（a） 基于中国传统文化二十四节气的首饰创新设计（设计：罗燕珍/指导：王丽）

图2-48（b）　基于中国传统文化二十四节气的首饰创新设计（设计：罗燕珍/指导：王丽）

第三章

特色文化 IP 与文创产品设计

特 色 文 化 IP   与   文 创 产 品 设 计

第一节　地域特色文化文创产品设计

地域特色是自然景观和人文景观相互结合的文化统一体，是地区对外展示的景观名片，能反映地域长时间形成的自然因素和人文景观。而在将地域特色文化作为内涵的文创产品设计中，最重要的是能够清晰的展示出地域特征。

地域特色文化文创产品设计方法

基于文化内容设计　在地域特色的文创设计当中，多从确认文化对象开始，列举出具有代表性的地域文化内容，并按照一定的评分标准（见后文）对于各个文化内容进行评级，从结果中选择合适的内容作为设计对象。根据选定的文化内容的精神气质、造型特点等方面特质提炼出具有典型特征并且有着较强形式感的视觉元素。选定能与视觉符号相契合，能通过视觉符号来展示其功能性的产品载体，将其与视觉符号相结合，产出具有强烈地域特征的文创产品，达到地域性与实用性的统一。

将文化内容作为设计元素与产品载体相结合，是对地域 IP 形象的有力宣传。对于当前地区的消费者而言，熟悉的文化元素将作为以其联系的锚点。而对于其他地区的消费者，文创产品作为地域的名片，能有效增强地域的认知度。（图 3-1）

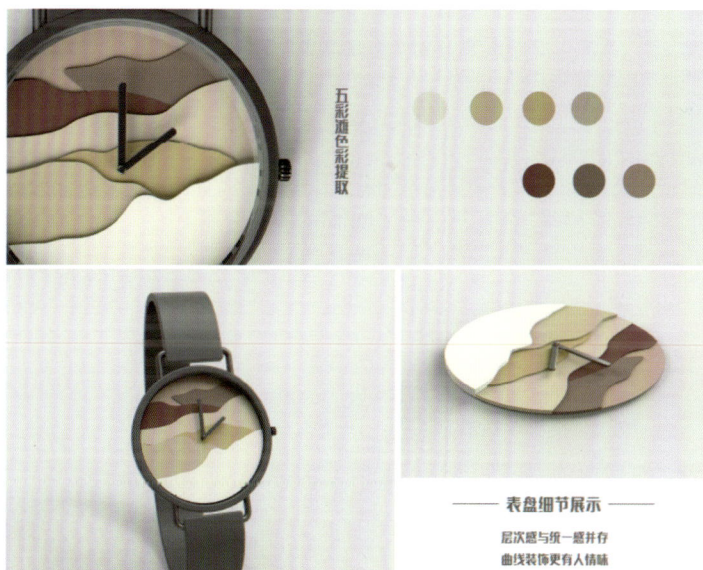

图 3-1　彩石手表（设计：林艺茹 / 指导：王丽）

長期飯票
有鄉下味的米。
台灣 Taiwan Formosa
福爾摩沙

阿罩霧米
有鄉下味的米。

台中市。Taichung Wufeng 霧峰鄉

研磨紅烏龍
喝采茶作。
台東縣 Taitung Tevec
鹿野鄉

小徑旁的溪
喝采茶作。

南投縣。Nantou Mingjian 名間鄉

單包茶禮盒
喝采茶作。
台灣 Taiwan Formosa
福爾摩沙

雪融化以後
喝采茶作。

台中市。Taichung Heping 和平區

图3-2　掌生谷粒（中国台湾品牌）

基于情感化需求设计　文创产品的价值核心是其与消费者之间的情感共鸣，文创设计本身便是传递感情的途径。沟通是其内在属性中最首要的特点，基于情感化需求的地域文创设计既是提取有着地域代表的生活片段，并将其与产品相结合，通过产品来讲述故事，构建与用户的情感联系。（ 图 3-2 ）

　　掌生谷粒的定位并不是简单地生活用品生产品牌，而是作为中国台湾地域生活的缩影，利用情感来塑造品牌形象。将品牌的精神理念与地域文化相融合，并通过视觉效果传达给用户。产品包装通过对于当地人真实生活片段的记录，让消费者在享受美味的同时，也能感受到浓厚的地域文化内涵。而当消费者与产品产生情感共鸣时，品牌的价值便得到了升华。消费者将对其产生情感依赖，产品将具有更高的附加值。

地域文化跨界整合　对于本地人而言，文化形象早已深入人心，需要有新鲜的元素使其年轻化，以此获得更大的用户群体。对于非本地人而言，通过联动使得不同地域文化之间产生沟通联系，通过用户与当地文化的情感联系来引入一个全新的地域文化，令对于本地域缺少了解的用户也可产生了解的兴趣，同时亦可促进当地文创发展，以此达成一个良好的循环。

世界四大博物馆之艾尔米塔什博物馆与凯芙兰联合推出的首个联名款系列彩妆——马蒂斯珍藏版，用色大胆、前卫，打破平庸和常规，将来自俄罗斯的名画与中国的国潮风格相结合，通过不同地域之间风格的碰撞打造出全新的作品，打破地域隔阂，增强人们对品牌的认同感。(图 3-3)

图3-3　艾尔米塔什博物馆-凯芙兰品牌联名美妆套装

设计实例（西塘古镇文创设计）

确定文化对象　在寻找合适的切入点前，首要需要对于地域文化元素建立用于辅助设计的地域文化资源分类模型，以此来对当地的地域文化特色进行分类归纳。并根据如表所示的原则，对西塘文化元素进行评分排序。（图 3-4，表 3-1）

西塘作为江南古镇的代表之一，其建筑风格有着浓厚的江南韵味，在地域内有着广泛的认同，具有浓厚的地域文化特征，同时有着典型的形式特征与明确的造型特征，有着较好的形态可塑性，十分适合文创产品设计，有着极高的可识别度。因此以西塘的特色建筑作为本次的主要设计元素来源，西塘的建筑是西塘人民在古代建筑的基础上根据地域特点改造而成的，蕴含着美好的寓意，这是西塘独特的文化魅力，是不可以忽视的。

完成西塘地域文化资源分类之后，需要匹配合适的载体来承载所挑选的文化元素。在挑选载体时，还需要考虑其经济价值，作为产品的前提便是能够有效地创造经济价值。通过在当地进行广泛的市场调研与用户调研，分析现有的文化产品的优缺点，结合用户需求。选取能良好地承载西塘地域文化并创造经济价值的产品形式。

经过实地调研发现西塘文化产品多以工艺品为主，但是做工较为粗糙，拜访后让人感觉有点像十元超市一样，虽然应有尽有，但是无法引起消费者的购买欲望。此外，在对于西塘文化元素的处理上，多是通过照片、手绘的形式以产品为载体展现出来的，展现的形式比较单一，并不能真正有效地发扬西塘这一地域性文化。因此，在西塘的文创产品中，工艺品作为受到较为广泛认同的产品形式，是进行再设计的首选。同时经过分析后发现西塘工艺品的诸多不足，为文创设计提供了机遇。至此，将设计的方向定位为结合西塘建筑与工艺品，最终做到提高西塘文创产品的品质并使其价值得到升华的目的。

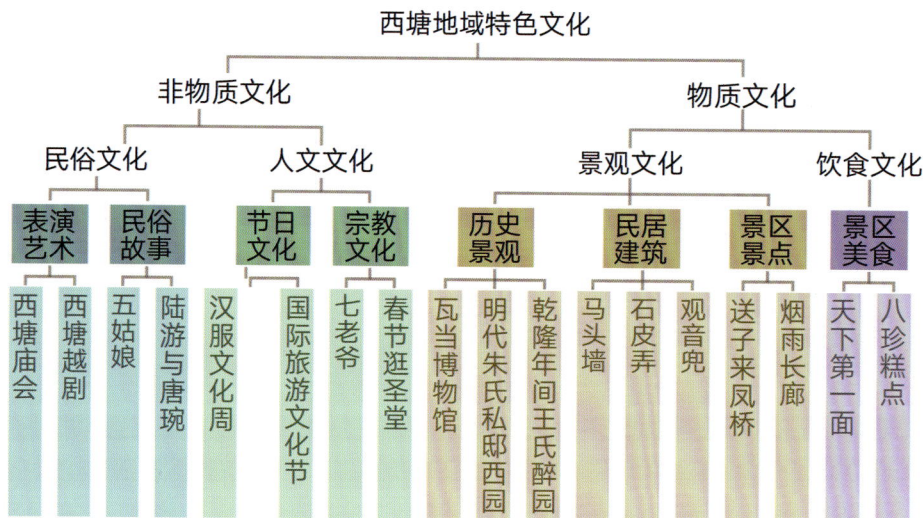

图 3-4　西塘地域文化分类

表 3-1　地域文化特色选定评价标准

地域文化特色选定评价标准		
特性		**评价标准**
独特性	强烈	在当地广为流传，具有浓厚的地域文化特征
	中等	地域性相对较强，是常见的本地文化
	一般	常由其他地区流传而来，地域性不明显
形式感	强烈	形式感强，有明确的造型特征
	中等	造型常见，有着明显的特征
	一般	造型普通，无明显特征
区域认同性	强烈	当地人民耳熟能详，有着广泛的认同感。
	中等	民族性相对较弱，当地使用广泛，但人们对其了解不深入
	一般	在其他地区也有着较为频繁的出现，地域性文化特点较弱
可再设计性	强烈	形态可塑性强，适合再设计
	中等	形态可塑性较强，可适当衍生
	一般	文化再设计性差，不易变化

提取视觉元素 在进行创意设计时，所提取的地域文化与文创产品之间不能牵强附会，而是要寻求二者的契合点。同时不能让文化元素仅停留在初级的复制阶段，要从中提取视觉符号，并与地域的文化内涵相结合，在满足文创产品功能性的同时，对地域文化进行传承，让使用者能从中感受文化的魅力。（表 3-2）

表 3-2　西塘建筑文化元素提取

元素	样本	简介	图形
马头墙		马头墙属于我国建筑中传统的形式，位于房屋的两侧，呈阶梯状一层一层叠落，远看像马头似的，有很强的装饰作用。	
观音兜		考究的人家会把边墙建得很高，甚至高出屋面与屋顶。把这部分高出的墙顶端做成漂亮的圆弧状，犹如观音像兜的头巾，很具风韵，人称观音兜。	
烟雨长廊		西塘的烟雨长廊是江南独一无二的建筑，有千米长。一般古镇是商铺挨在一起，但是商铺外没有廊棚或者没有连续的廊棚。	
送子来凤桥		这座桥最特别的地方在于一面是平整的，一面是阶梯。平整的是女性走的，寓意稳稳当当；阶梯是男性走的，寓意步步高升。走平整的生女孩，走阶梯则生男孩。	

续表

元素	样本	简介	图形
蜘蛛结网瓦当		瓦当上的一个细小的蜘蛛结网图案，表明了主人平静、闲适的生活状态，也体现了西塘是个平静、安宁的地方。	
蝙蝠滴水瓦当		取蝙蝠的蝠字与福同音，表明西塘是个福地。	

　　结合产品设计　　地域特色文创设计的本质就是将地域文化的内涵以物化的形式表现出来，通过文化视觉符号为产品赋能。在设计的过程中注意意符与文创产品之间"精神"的沟通，找到意符与文创产品之间的契合点。

　　戒指的设计取自送子来凤桥的寓意以及观音兜的造型，这是一款对戒的设计，两者沿袭了送子来凤桥平坦的路和台阶的形态，整体造型是观音兜的一半，当两个戒指在一起时就形成了观音兜的整体形象，戒指的设计也是根据男左女右，男款的观音兜在左边，女款的在右边。对戒的美好意味与送子来凤桥的寓意相互契合，二者的结合不仅仅是造型的叠加运用，更重要的是将内涵与功能统一，达到"精神"的沟通。(图 3-5)

　　将烟雨长廊的造型简化运用于耳坠之中，使之作为独立的视觉符号进行西塘文化的传播，丰富西塘文化的内容。具有地域特征的景点本身便可作为符号进行运用，将具有浓厚地域特色的景点造型融入文创产品设计中，以引起消费者对景点的向往，加深景点在消费者心中的印象。(图 3-6)

图3-5 送子来凤桥对戒（设计：许丽）

图3-6 观音兜系列吊坠（作者：许丽）

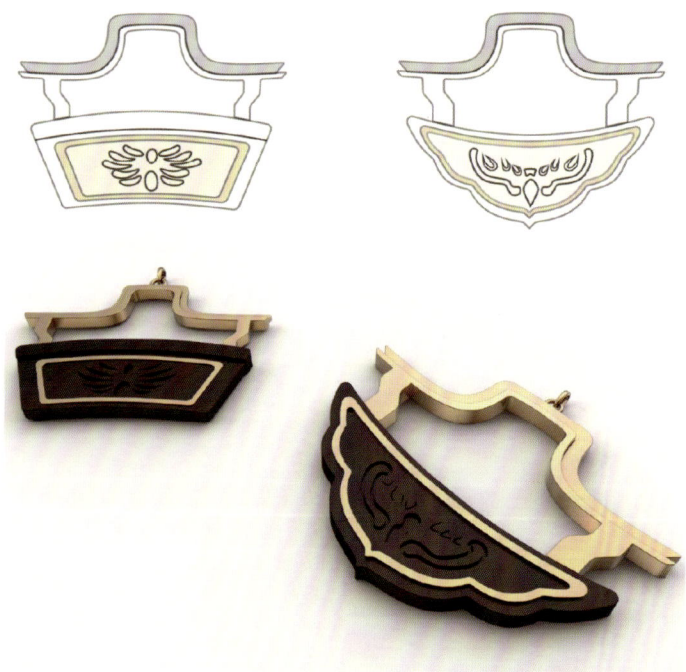

图3-7 观音兜项链（设计：许丽）

　　观音兜本身便是西塘人精致生活的象征，其最初便因西塘人的考究而生。这使得观音兜的元素与几乎能代表着精致一词的项链首饰具有极高的精神契合度。将西塘地域文化与日常的生活相融，让"改良传统，兼收并蓄"的民族精神在文创产品中体现。文创产品依托地域丰富的文化元素，博采众长，以创新别样的方式方法打造出具有地域文化内涵的文创产品。通过提取文化价值，解决文创产品的同质化问题，在消费者心目中树立起品牌的社会价值与文化传播观，将地域文化符号转化为产品，使其更有市场竞争力。（图 3-7）

　　小结　地域特色文创产品的创作源自于特定的地域，地域文化是它的生长土地。文创产品不单只是满足人们的功能性需求，而是通过产品的形式，将整个地域的文化以视觉符号的方式进行传达。近年来繁荣的文化大发展带动了对于区域历史和地域文化的研究以及相关文创产品的创作，基于地域文化开发的文创产品贴合市场需求，为文化产业发展起到了推动作用。同时地域文创的兴起也带动了旅游业的发展，更进一步推动地域文化的传播，作为一个代表性的特殊符号植入到文化中去，深入地域文化传承，让人们能够真正地领略到地域文化的魅力。

第二节 科普特色文化文创产品设计

科普宣传已成为社会关注的热点，是文创设计的重要内容之一，因其科学性、普及性、文化性、创造性而深受大家喜爱。在数字化时代背景下，传统的科普表现形式已经不能满足人们的需求，新型科普形式如短视频、绘本、音乐等形式逐渐流行起来，既丰富了文创产品的内容，又符合当代人审美和快节奏的生活方式，达到实用性、科学性与艺术性的统一。

《我是吸碳王》科普文创案例分析 《我是吸碳王》动漫短片是基于竹林碳觅科普理念，精心塑造了毛竹大王、二氧化碳、竹子将士等鲜明形象，为竹林碳汇注入了独具灵魂的视觉文化符号，生动地讲述了在"竹博士"的智慧支持下，毛竹大王带领竹子军团抵御二氧化碳入侵，保卫美丽家园的光辉战斗历程。该作品图文声乐并茂，内容简短精练，巧妙融合了艺术与科学两种美，通过轻松诙谐的故事呈现竹子全生命周期的吸碳固碳科学新知，在有趣欢快的动画情节中，徐徐揭开竹子吸碳固碳的神秘面纱，呼吁人们共同呵护美丽的地球家园、共建人类命运共同体。其中，拥有主角光环的毛竹大王发挥着最重要的作用，带领竹子将士们成功击溃二氧化碳的场景在少儿们心中留下了深刻的印象，它是英雄的象征。亚洲竹、美洲竹、非洲竹等其他角色则是竹子大王的衍生形象，也发挥着重要作用。以勇猛智慧的毛竹大王作为最主要的特色文化IP，亚洲竹、美洲竹、非洲竹等角色作为衍生形象进行文创产品设计，既宣传了科普知识，也能得到大家的青睐（图 3-8）。

科普特色文化文创产品设计方法

视觉符号的提取 以毛竹大王特色文化 IP 和亚洲竹、美洲竹、非洲竹、二氧化碳等主要角色的衍生形象进行视觉符号形态的提炼（图 3-9）。

根据提炼的视觉符号，并结合角色形象本身的功能特点，以及动漫的情节发展，进行头脑风暴，选择合适的文化载体来传达文化内涵（图 3-10）。

分析思维导图，可将文化元素的应用形式分为三大类型，分别为：图形化应用、功能性同构、意象性表达。

方法一 图形化应用 该设计方法是最直接的将文化元素附加到载体上的一种方法。将 IP 形象图案整体应用或局部应用，如应用在抱枕、T恤、笔记本、帆布包、伞、徽章、书签等载体上。该方法适用性广，绝大部分载体都能通用，设计也较简便。（图 3-11）

图3-8 《我是吸碳王》动漫短片部分情节图（设计：木言义化创意设计团队）

文化IP	IP形象	IP介绍	提炼的视觉符号
毛竹大王		毛竹种植面积最大,用途最多,固碳能力强	
亚洲竹		有 50 多属、90种,面积达1780万顷,是世界上最大的竹区,中国是世界公认的"竹子王国"	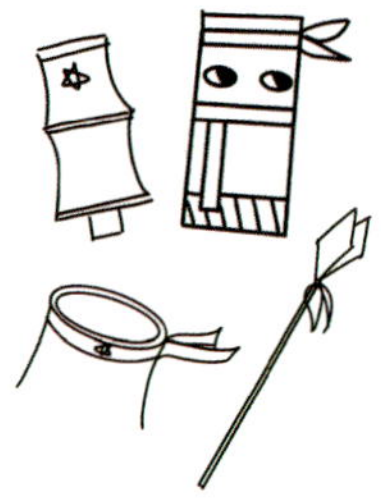
美洲竹		有 18 属、270 种,面积达 160 万公顷,是世界第二大竹区	
非洲竹		有 14 属、50 种,面积约 150 万公顷,主要分布于从非洲西北到东南的斜长地带	
二氧化碳		大气中的一种成分,浓度过高会导致地球温度上升,引起温室效应	

图3-9　IP形象(设计:木言文化创意设计团队)

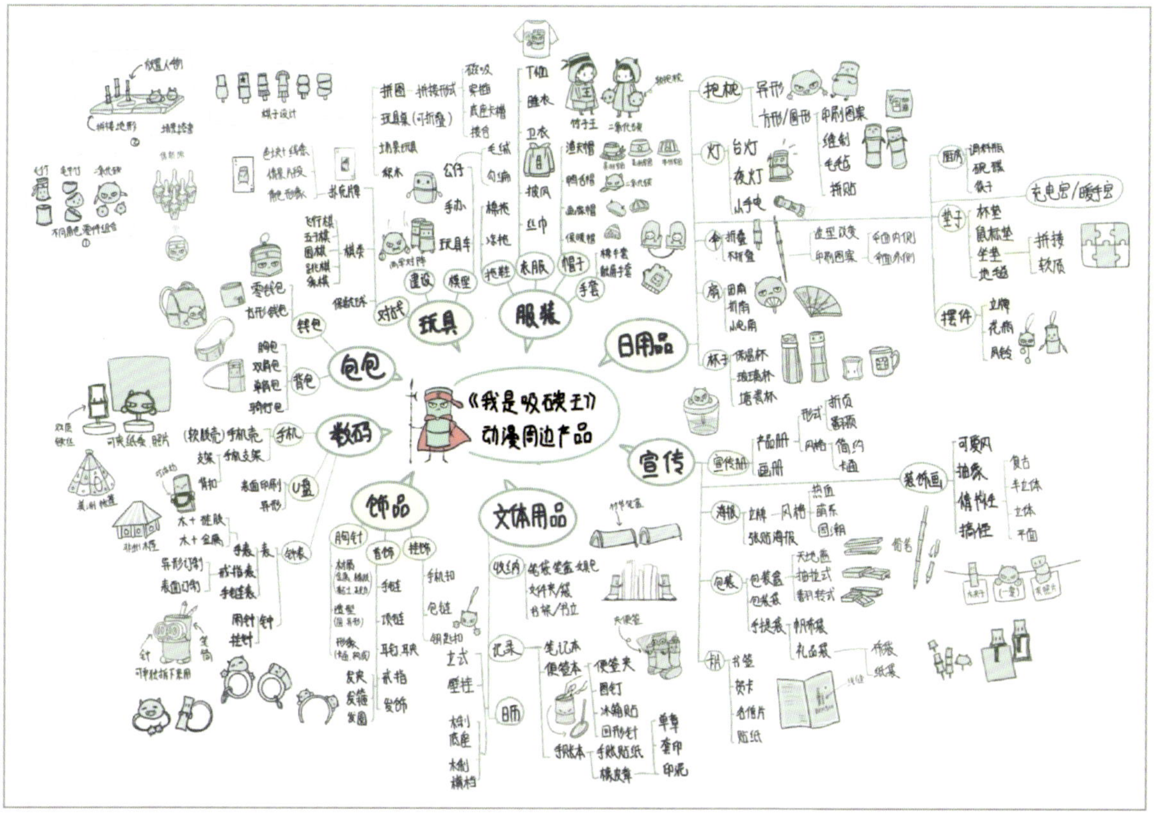

图3-10　思维导图（设计：陈旭/指导：王丽）

图3-11　图形化应用产品（设计：刘雨菡/指导：王丽）

图3-12　水杯设计草图和效果图（设计：陈旭/指导：王丽）

方法二　功能性同构　该设计方法对IP形象进行分析，将造型与功能相结合，挖掘两者的共性，进而对IP形象进行拆分与重构，以满足不同功能的需求。以儿童水杯、平板支架为例进行设计方法说明。

儿童水杯设计。儿童水杯的造型设计运用了毛竹大王、亚洲竹、非洲竹、美洲竹和二氧化碳的形象，水杯的大肚子既显得诙谐可爱，又能装得下很多饮料，保证了其容纳功能。（图3-12，图3-13）

图钉设计。每个图钉都是一个竹节。各个竹节的顶部均挖有孔洞，使得这些竹节可以相互拼接。固定便签、拼接竹节的过程就像是在种竹林一样，通过使用过程唤醒人们对自然的向往，使用者在种竹林的同时，也在心中种下了环保的种子。通过本产品倡导人们爱竹、种竹、使用竹产品。（图3-14）

平板支架设计。该平板支架除了支撑的作用外，内部嵌有无线充电模块，在使用平板的同时给其充电，一举两得。造型上以毛竹大王、亚洲竹、美洲竹、非洲竹等IP形象为特色文化元素，根据不同材质、颜色、大小进行元素符号的提炼，该无线充电功能与竹子固碳功能具有共性，达到美观性和实用性的统一。

图3-13　图钉设计草图和效果图（设计：陈旭/指导：王丽）

图3-14　平板支架（设计：莫惠雯、张雨涵/指导：王丽）

方法三　意象性表达　该方法是前两个方法的提升，是对文化元素进行更深层次的挖掘。注重文化元素的核心内涵而不仅仅停留在外观和功能。通过购买或使用文创产品，能够引起用户的情感认同。以车载竹炭包、飞行棋为例进行设计方法说明。

车载竹炭包设计。以亚洲非洲美洲三大竹子军团的造型为灵感，把竹子禁锢二氧化碳的过程实体化，将车载碳包设计成囚禁二氧化碳的竹子卫兵，设计了两套风格不同的产品。一套偏可爱圆润，另一套偏简洁商务。本套产品的外壳运用竹与塑料的材质结合设计，竹材部分做成镂空的造型，不仅方便内里的竹炭包吸收异味，也映射了禁锢二氧化碳的竹子牢笼，与动漫情节产生联系。（图 3-15）

竹炭包的功能是吸收异味和湿气，与动漫中体现的竹子吸收二氧化碳的功能相似，此设计注重一个"吸"的意向，借竹炭包的功能来映射动漫情节，体现竹林碳觅环保理念，引起消费者情感共鸣。

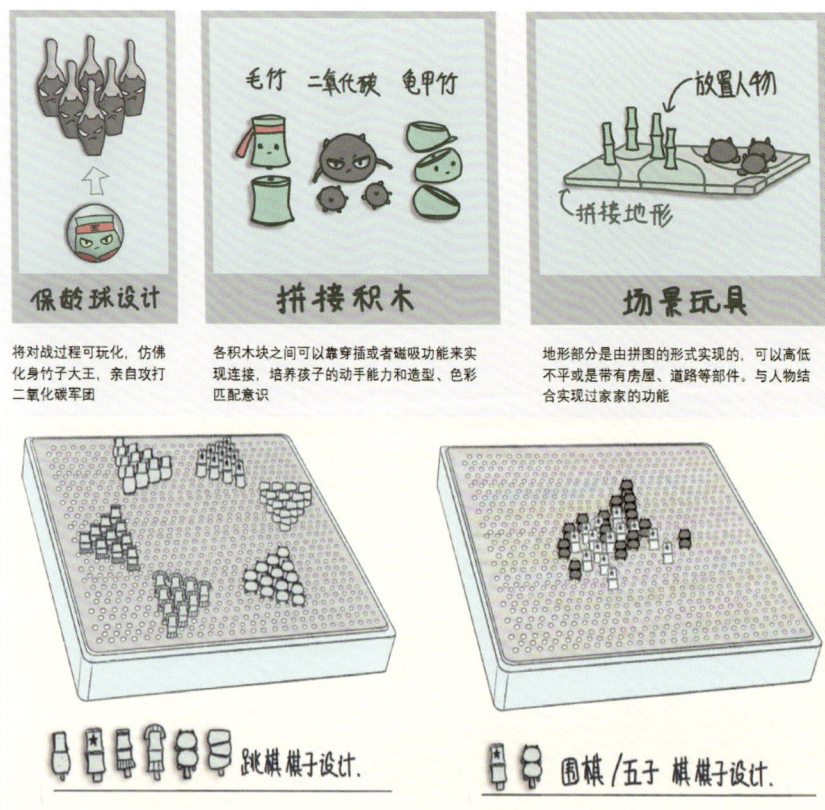

图3-15　车载竹炭包设计效果图（设计：陈旭/指导：王丽）

图3-16　棋类系列草图和飞行棋设计效果图（设计：陈旭/ 指导：王丽）

　　飞行棋设计。该设计注重场景营造，将竹子军团和二氧化碳军团的造型提取设计成棋子。由此通过多军对阵的形式将动漫中的战斗内容与玩耍过程产生联系。在玩耍过程中也是对竹林碳觅理念的灌输，有趣又有意义。两套棋面可拆卸，棋盘可作为存放棋面和棋子的提箱，便携且易收纳。（图 3-16 ）

科普文创产品设计基本流程（以《我是吸碳王》的 U 盘设计为例）

市场调研　通过文献资料查阅相关动漫产业的发展及数据分析，科普动漫文创产品的发展方向主要有以下几点：

（1）在设计初期明确目标人群进行针对性设计，以生活化的设计扩展营销覆盖面；

（2）提取科普文创中有特色的 IP，带动其品牌衍生产品的普及，形成良性循环；

（3）跨界寻找合适的衍生产品载体，与动漫视觉效果结合，拓宽衍生产品种类；

通过对现有文化衍生产品趋势的调研发现，目前应用最频繁的文创设计方式就是图形化应用。图形的风格符合时代的流行趋势，大多通过色彩或者点线面的构成来刺激消费者眼球，引起其购买欲。但由于这类文创产品可通用平面图案，量产方便且成本低廉，市场上已经非常泛滥且需求量接近饱和，很难仅通过平面的视觉冲击从大量同类产品中脱颖而出。

结构型的科普文创产品最典型的就是对科普角色的造型迁移，如抱枕、手办等，制作较为简单且不用花过多心思去设计用途，被广泛应用于各类型的二维角色三维产品化。趣味性功能性同构是将角色造型与某些功能结合，造型与功能结构相衬，使文创衍生产品既有观赏性又具备实用性。这类富有趣味性的产品往往更能引起购买者兴趣。

如今的消费者更注重产品的个性化、功能性、科学性、普及性和文化性，通过独特且有质量的产品来愉悦、标榜自己，并且拥有独特的背景故事。品牌化、系列化的产品往往因其文化内涵显得更有魅力。

受众分析　设计针对于热爱生活、喜欢尝试新鲜事物、擅于表现自身个性与独特性的人群，如青少年群体，他们喜欢造型可爱有趣、颜色丰富的产品，动漫短片中的角色形象正好符合这一特点。

产品定位　产品定位为生活中使用频率较高、价格亲民的物品。具备便携、实用等特质，且外观、结构、功能或文化内涵上能与科普内容相呼应，能很好地承载科普内涵，起到科普宣传作用的产品。

文创产品设计既要符合美观原则和实用原则，还应具有纪念意义和实用价值。而《我是吸碳王》动漫短片的文创产品不仅是动漫，更是科普文化内容的衍生产品，还遵循了以下六大原则进行设计：

科普性原则。文化内涵是文创产品真正的生命力，文创产品作为传播科普内涵的载体，必须找准科普文化的特色，以其动漫形象、内容和文化作为一切衍生产品创意的来源，才能创造出独特且具有高辨识度的产品。

情感性原则。科普动漫的文创产品的价值与魅力，在于其背后的故事。只有将动漫的故事和情节融入产品的设计中，才能让消费者购买、使用产品时感受到它背后的故事和文化。

时代性原则。文创开发应符合时代文化特征并与时代观念紧密结合。针对性地研究透目标人群审美需要，并将其融入文创衍生产品设计后，该产品才能被消费者广泛接受。

系列化原则。目前销售广泛的文创产品，都具备卖点突出、系列化的特点，也是当下的市场潮流。因此可知，针对一个题材进行系列化设计的文创产品更易引发消费者的关注和兴趣。

品牌识别原则。品牌识别系统不仅能够传达品牌本质和意识，还能让品牌形象更加深入人心。我们通过充分应用动漫形象和动漫中"吸碳""固碳""环保""勇于拼搏"等理念，进行产品的设计，使衍生文创产品既能在形象上有所统一又能表现出个体的差异。因其代表的文化、情节等内涵而区别于市面上的同类产品，让文创产品"说话"，让消费者通过产品来体会其包含的故事，深化品牌形象。

适度包装原则。为了突出文创产品的美感、文化感，应当在包装适度的前提下融合产品独特的文化内涵进行设计，这样既能延续产品的文化特色，又能体现其独特性，成为其"身份证"。

草图和效果图表现　在数字时代背景下，信息的获取与存储变得尤为重要，在日常生活中，U 盘的使用频率格外高，无论是用来存储信息或是传输文件，都是不错的选择。作为《我是吸碳王》科普动漫短片的文创产品，U 盘的储存功能与竹子固碳吸附二氧化碳的功能有异曲同工之妙。竹子固碳能力强与 U 盘存储空间大相呼应，完美诠释了科普主题内涵。U 盘设计分为简装款和礼盒款。这套 U 盘手机扣的造型是由动漫角色抽象而得的，角色的披风可以作为手机的小支架，使用者可以视情况随意调节角度，它的身体是个随身小 U 盘，可以储存大量内容，就像毛竹大王竹子一样，固碳能力强，容量大。（图 3-17）

打样与制作　确定 U 盘的最终效果后，用平面软件绘制其打样尺寸图，并联系工厂，进行打样与制作。在此基础上，设计开发了一款文创产品礼盒，内含三本书（《竹林碳觅》科普著作、《幽篁国的竹林碳语》生态童话、《我是吸碳王》动漫绘本）、一个 U 盘、一个竹书签、一把竹扇子。（图 3-18）

103

图3-17 U盘设计草图和效果
图（设计：陈旭/指导：王丽）

图3-18 《我是吸碳王》文
创产品礼盒（设计：木言文
化创意设计团队）

第三节　校园特色文化文创产品设计

校园特色文化由学校历史发展和文化建设共同孕育形成，越是历史悠久的学校越能沉淀出厚重的校园特色文化，包括校园内的特色建筑、景观、校训、校歌、校史等等，时刻存在于师生日常校园生活的方方面面。校园中每年都有毕业生和新生，也有长久留校的教师，这种特殊的模式使得校园特色文化有着与其他特色文化截然不同的传承性和渗透性。高校的学生来自五湖四海，毕业后又分散在天南海北，他们带着短暂数年中学校给予的烙印与记忆，进一步传承发扬校园特色文化。

在开发设计校园特色文化文创产品时，首先需要对其进行调研，根据调研内容打造校园特色文化 IP，然后提炼可在产品中运用的视觉符号，最后按照一般产品的设计流程，进行文创产品的具体设计。本章节以浙江农林大学特色校园文化文创产品设计为例，进行具体步骤说明。

校园特色文化文创产品设计方法

方法一　艺术化处理设计　将校园中的情景进行艺术化处理后，创作出不同于摄影的新的展现方式，以此形成一个校园特色文化形象，让用户能够从"另一个角度"来观察校园。艺术化处理方式包括油画、版画、水彩、数字绘画等等，这样的设计方法的关键在于利用好艺术化处理方法的优势，将校园景色通过与往常截然不同的形式展现在用户眼前，来发现日常生活中因为熟悉而忽略的细节之美。（图 3-19）

图3-19　浙江农林大学风景版画（设计：段绍红/指导：何征）

图3-20　华南理工大学校园文创

图3-21　天津理工大学校园文创

方法二　主题性设计　这种设计方法需要挖掘校园文化的内涵所在，并将其 IP 化、视觉化，运用到产品设计中，通常从校训、校史、校园人文精神出发，用创新的视觉化元素来勉励校园学子，也让外界能够更了解有关学校的人文内涵与精神。

华南理工大学文创，对校训"博学慎思 明辨笃行"中每个词语的内涵与来源进行分析，并将多个关键元素具象化成具体图案，再重新组合成一个图案来展现。（图 3-20）

方法三　情感化设计　师生对于校园的独特感情是校园特色文化最重要的标志之一，它决定了这种特色文化的传承与发展，也是一个校园特色文化 IP 中最能吸引用户的关键点。这种设计方法将对校园的留恋与回忆放进产品中，引起消费者的情感认同与共鸣，需要在前两个设计方法的基础上进一步挖掘校园特色文化的核心内涵，这类文创产品也更适合作为毕业生和校友的纪念品。（图 3-21）

校园特色文化文创产品设计流程

　　流程一　整体调研分析　由于校园特色文化的特殊性，其文创产品的前期调研和目标用户定位都较为特殊。前期调研主要挖掘校园精神文化内涵、校园建筑建设寓意和学校特色专业及其相应产品等等，以此为基础来考虑如何将文化理念融入进特色文创产品，确定浙农林校园文创以竹木产品、生态文创为主。

　　目标用户主要分为以下几类：校友、新生、毕业生、在校师生、来访老师以及游客，对应不同用户产品可以大致分为高端赠礼和低端日常用品，而一些通用的产品例如办公套装、杯子、U盘等等，则需要分别考虑年轻人和中年人的喜好与使用习惯进行设计。（图 3-22，图 3-23）

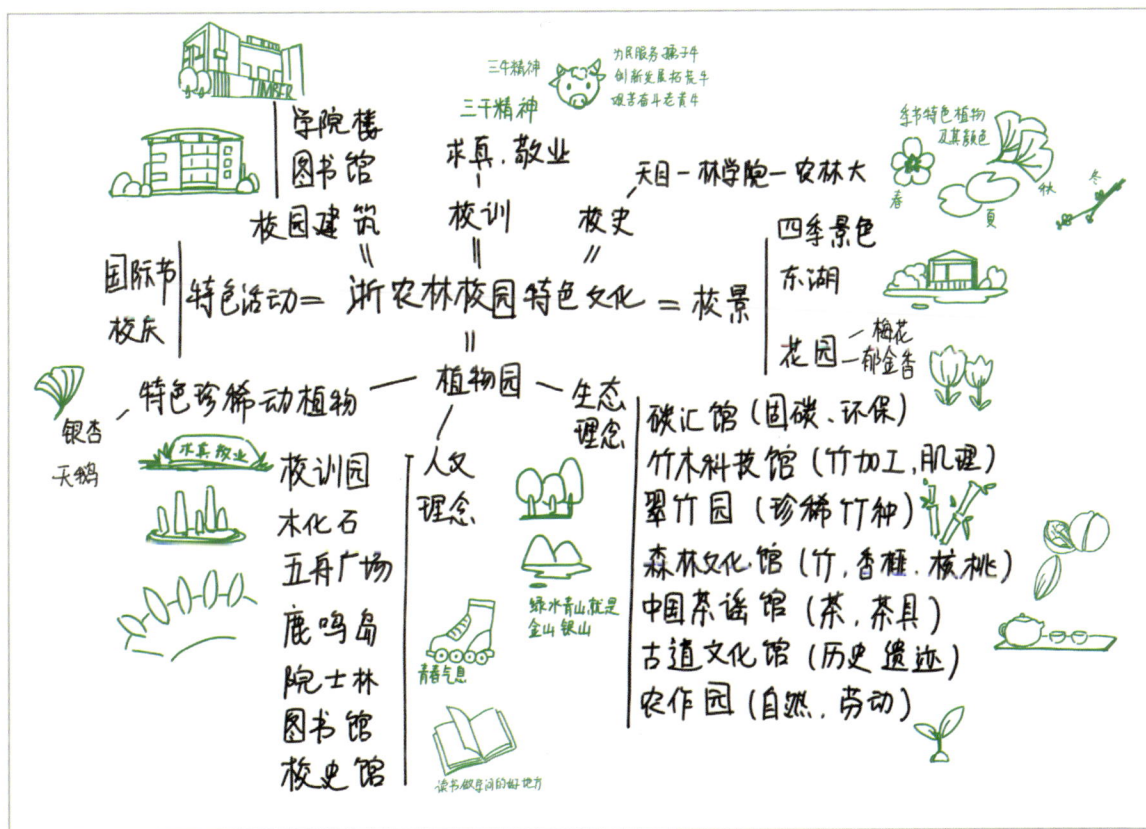

图3-22　浙农林校园特色文化思维导图

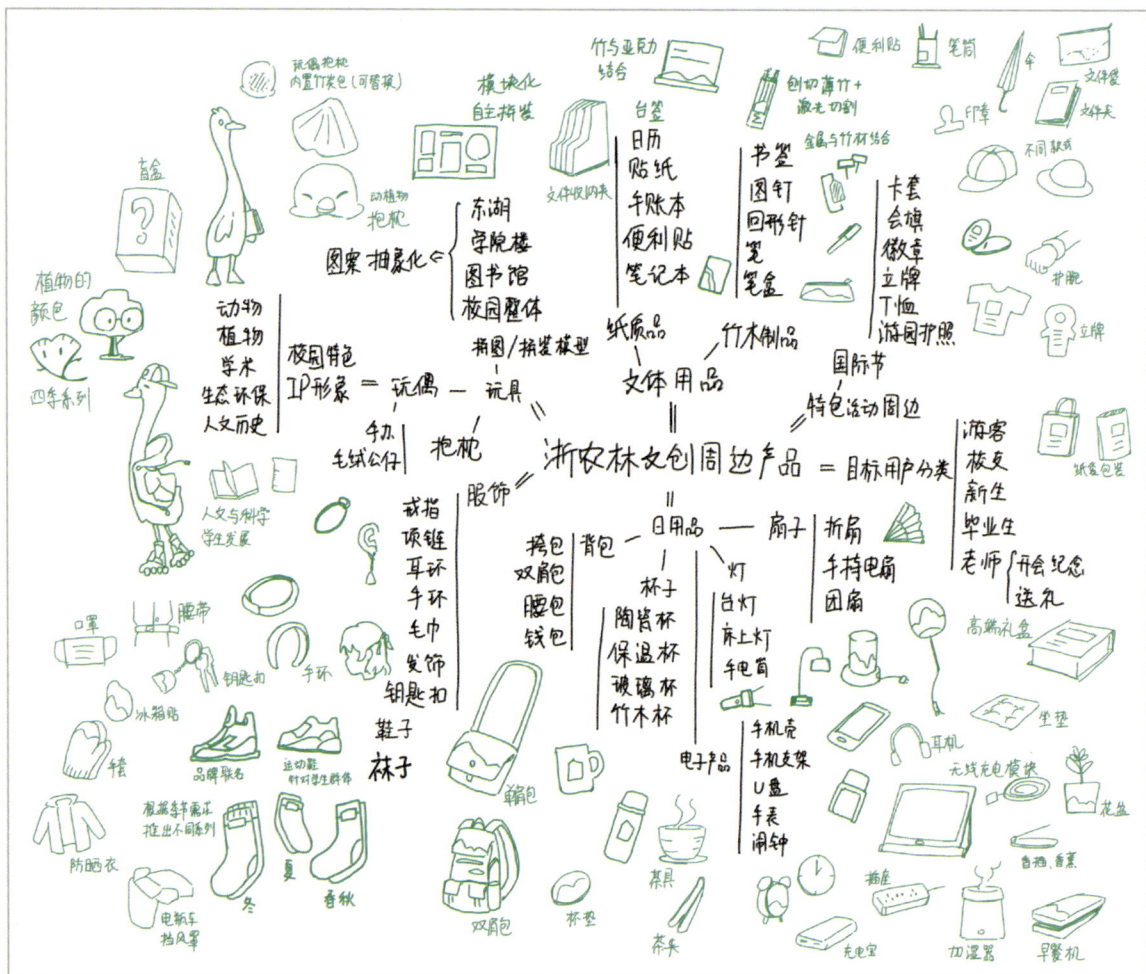

图3-23 浙农林文创周边产品思维导图

流程二 提取校园特色文化IP 立足于浙江农林大学校园特色文化，取校园内具有代表性、识别性的景观为原型，包括南大门、集贤亭、木化石、五舟广场、图书馆等等，进行不同风格的创新设计。方案一为矢量风格的八个校景，其目标用户偏向年轻化，以现代化几何图形构成图案，运用在产品中时更容易转换为结构语言来呈现出其中包含校园特色文化。而方案二则用传统的剪纸风格对校景与校园特色植物进行艺术化处理，形成八个图案，同时从传统的卷轴中得到灵感，将图案重新排版组合构成一幅整体的横版画面。（图3-24，图3-25，图3-26）

图书馆

工程中心

东湖

五舟广场

木化石

玉兰桥

集贤亭

南人门

图3-24　几何风格
图案（设计：莫惠
雯等/指导：王丽）

图3-25　剪纸风格图案（设计：张雨涵等/指导：王丽）

图3-26　剪纸风格画卷图案（设计：张雨涵等/指导：王丽）

　　这两个方案分别从现代与传统两个不同角度对校园特色文化进行概括，得到两套风格截然不同的方案，其核心都是围绕日常在学校中看得到的景色来得到用户的心理共鸣。两种设计满足了不同目标用户的审美需求，在后期的校园特色文创产品设计中，也会结合不同用户的需求、审美喜好、使用习惯等要素，综合考虑图案运用、产品功能、造型风格等设计要点。

　　而校训和校名"ZAFU"的字体设计则更多以校园精神文化为核心来考虑，通过银杏、天鹅等校园特色元素来装饰表现文字，将一种属于年轻人的生活气息融入字间。不仅透露出学校严谨认真的学习氛围与丰富多彩的课余生活，也让人从另一个角度思考求真敬业、三干精神的深层含义。（图 3-27）

图3-27　字体设计（设计：王军等/指导：王丽）

流程三　设计特色文创产品　校园特色文创产品不仅从造型上具有学校特色，更重要的是结合学校特色产业与教学理念来考虑设计的每个方面，例如材料、功能、使用场景、社会效益等。

浙江农林大学对竹木材料的微观结构特性与加工制造技术有着丰厚的研究成果，同时竹有着"梅兰竹菊"四君子、"梅松竹"岁寒三友等美称，有着深刻的精神内涵与文化价值，象征着不屈的骨气和谦逊的胸怀。与此同时，近年来国家推行的"绿水青山就是金山银山"理念，需要更多优质的生态环保产品，而竹产品的碳汇特性结合校园特色文化的内涵正符合"生态文创"这一概念。

《忆·农林》是一款以浙江农林大学图书馆为原型设计的小夜灯，通过抽象提炼图书馆的特殊结构，融入灯的具体结构设计中，用布艺制成外围的透光部分，结合剪纸艺术风格的校园特色景点与建筑物作为装饰。当夜灯开启时，透过布艺可隐约看到支撑柱，更体现图书馆的特殊造型，将使用者的记忆拉回到美好的校园生活中。（图 3-28）

浙江农林大学的中药学在植物香薰方面的研究同样拥有许多创新成果，综合考虑不同目标用户的使用习惯与使用场景后，设计出两款香插。第一款香插以山和银杏作为基本元素，营造出静谧、恬淡的氛围，其目标用户主要是中年用户群体，也适合作为高端套装礼品。第二款香插的造型更为简约，便于携带，将五舟广场的造型与看书的小人结合，整体风格更偏向年轻化。两款香插都以竹材为主要材料，并运用金属、陶瓷等辅助材料，丰富了产品的整体效果。（图 3-29）

除了日常生活用品外，设计团队还从学校的日常工作角度出发进行需求分析，设计日常办公用具、会议用具等。这一类产品还包括会议用台签、笔记本、一次性水杯、书签等产品。（图 3-30）

图 3-31 是一款集桌面摆件、手机支架和书签三种功能于一体的产品。整体用不同形状的木板和亚克力板切割、插接组成，制作工艺简单，成本较低，又有丰富多样的视觉效果，后方错落的山丘可在卡槽中左右移动，以调节成合适的尺寸放置手机，前方以集贤亭与荷花为基本元素设计的装饰，可在需要时作为书签取出使用。

校园特色文化创意产品的一大部分目标用户是高校学生，目标用户比较年轻，考虑到这一点，设计团队也做了许多符合年轻人使用习惯与审美喜好的日常用品，例如帆布包、运动袜、棒球帽、笔记本等，如图 3-32。利用青年学生对新鲜事物的好奇心和尝试欲，让校园文创融入学生的生活，从而潜移默化地建立其对母校的认同感与自豪感。

图 3-33 的这款可拆卸式桌面玩偶杯垫，以十二生肖中的牛为原型进行创新设计，产品中间部分用竹木材料加工拼装组合而成，将牛的形态简单化、可爱化，既简化加工工艺，又容易被年轻群体所接受。杯垫用传统布艺制成，用校景的艺术化图案进行装饰，形成了特性鲜明的整体风格。

小结 目前，各个高校的校园文化越来越呈现多样化趋势，校园特色文化文创产品的种类也越来越丰富，其受众的范围也不再局限于校园内的师生，更多优质的文创产品被社会大众所接受和喜爱。虽然新冠肺炎疫情导致许多学校仍处于半封校状态，但也因此需要用更多校园特色文创产品来满足人们了解、体验高校文化的精神需求，也能促进高校特色专业的宣传与社会文化产业的共同发展。

设计说明：
　　这是一款浙江农林大学校园文创设计的以图书馆为形象设计的小夜灯，通过抽象提炼图书馆的特殊结构，包括大圆顶、支撑柱等，外形呈现出一个图书馆的形状；白色透光部分为布艺，外面的图案为浙江农林大学的一些著名风景和建筑物；当小夜灯开启时，透过布艺可以隐约看到支撑住，更加的体现出浙农林的图书馆的形象，帮人们的记忆拉回到美丽的校园生活。

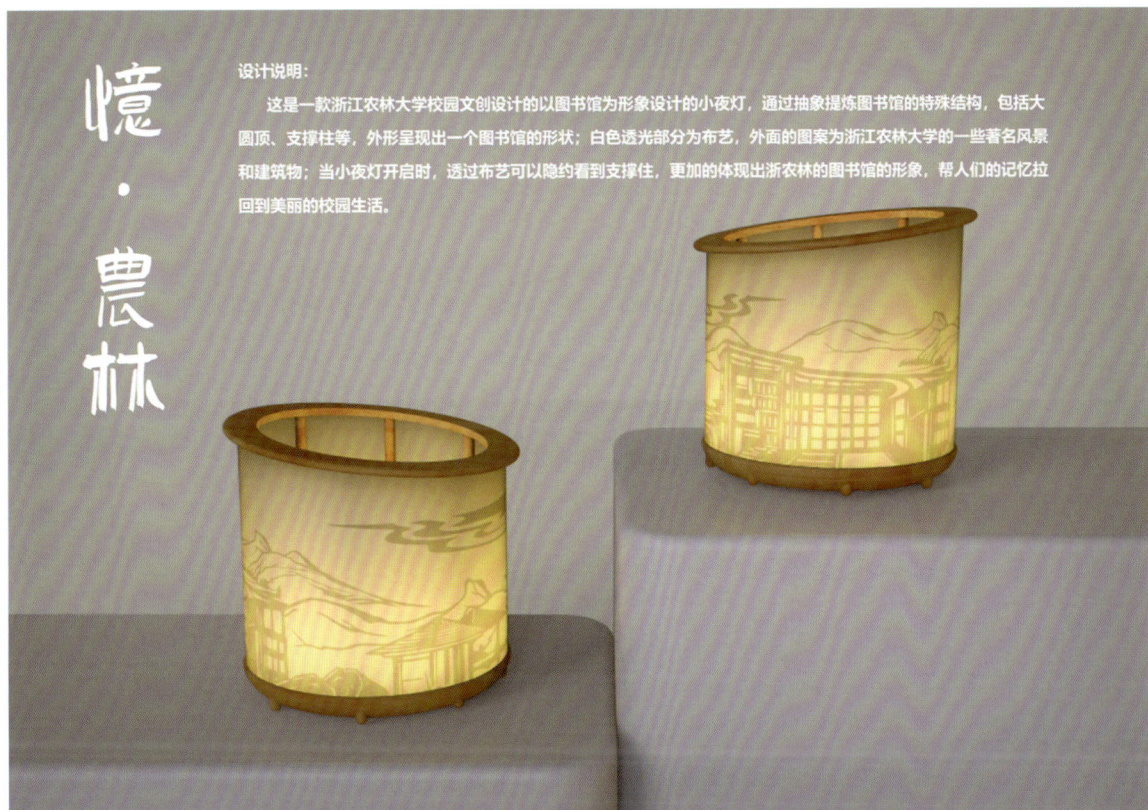

图3-28　忆农林夜灯（设计：王军/指导：王丽）

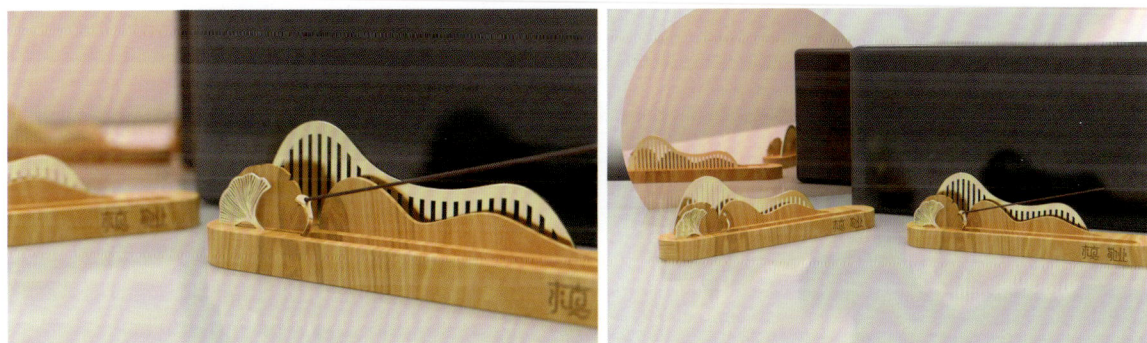

图3-29　香插（设计：邹青乐、叶思源/指导：王丽）

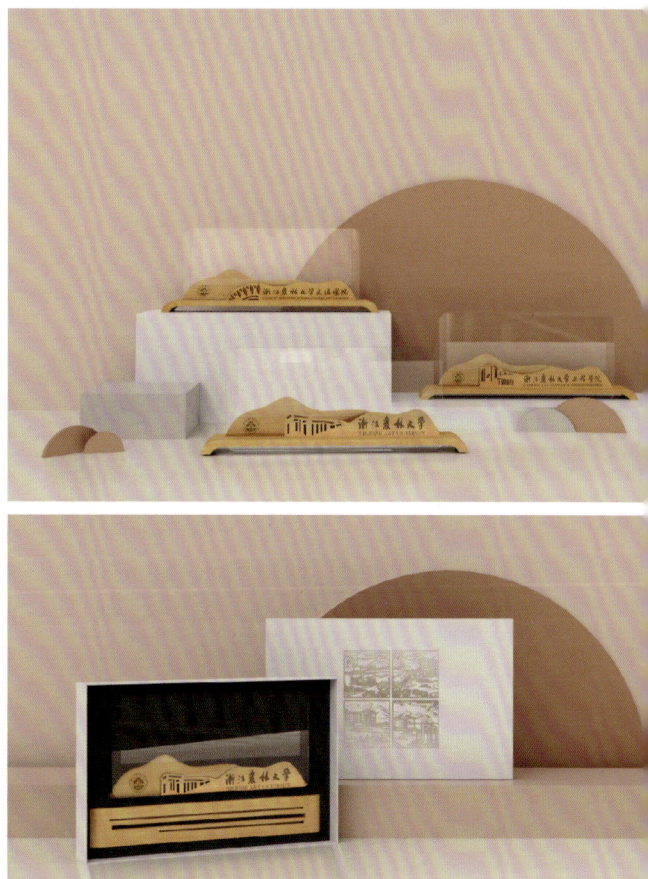

图3-30 书签、会议用台签、一次性水杯（设计：杜欣、莫惠雯、翁思佳/指导：王丽）

图3-31 多功能桌面摆件（设计：张雨涵/指导：王丽）

图3-32 运动袜、笔记本（设计：翁思佳、刘浏/指导：王丽）

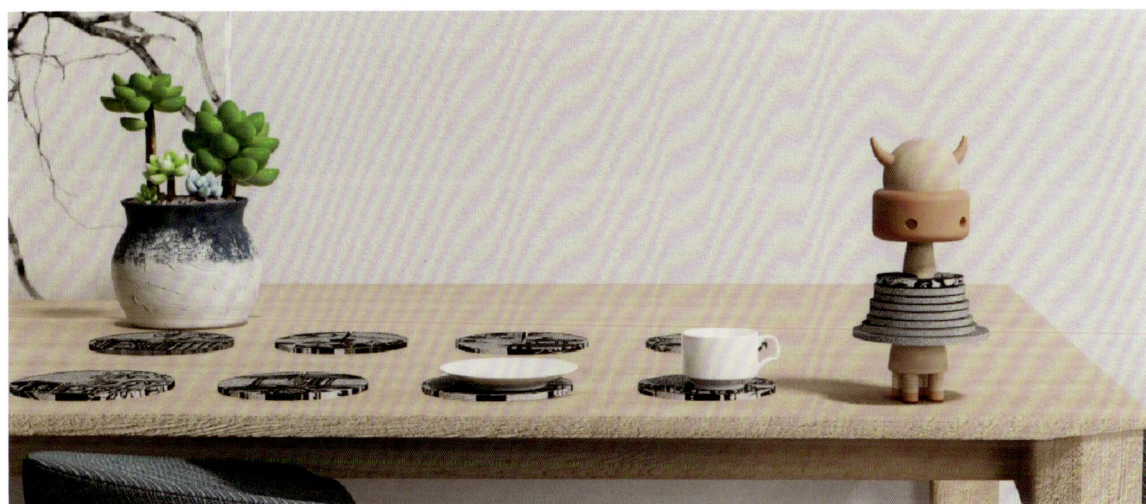

图3-33 杯垫（设计：李恩来/指导：王丽）

第四节 民族特色文化文创产品设计

　　民族特色文化是根据不同民族之间的文化差异而形成的一种文化资源。我们可以依托各民族特色的自然资源与人文资源发展特色文化，充分发挥不同民族文化间的特色，不断丰富人们的精神文化生活同时，宣传各民族的文化内涵，有利于促进民族之间的大团结。

　　加强民族特色文化宣传，讲好民族故事，设计出好的与民族特色文化相关的文创产品，也有利于推动中国特色文化的影响力与传播。

民族特色文化文创产品设计方法

　　主题性设计　民族特色文化主题性设计方法主要是指利用民族特色文化相关的 IP 形象，通过文创产品、绘画等载体来表达其所蕴含的文化价值，以满足消费者特定的审美、爱好、心理等需求。

　　羌族作为我国 56 个民族中的一个古老的民族，拥有着十分悠久的传统历史文化。羌族的音乐和舞蹈纯粹、热情并且感染力十足，他们的音乐舞蹈体现出了自己本民族对于自然、自由和世界的思考，具有极强的民族特色。以羌族乐舞形象为 IP 进行主题设计，不但可以拉近各民族之间的文化、经济之间的交流，还可以使当地羌民重新认识羌族的传统文化。三款包包的造型是参考财宝 IP 的外形，利用羌族文化意喻以及财富的各类元素，并参考现代大品牌的包包设计手法，最终设计出符合现代审美又能传承少数民族文化的一系列包包。(图 3-30，图 3-31)

　　图形化应用　主要是将各民族具有特色文化元素的 IP 进行提炼，以图形化的形式应用到文创产品设计中。风雨桥和鼓楼都是侗族最具有典型代表的建筑，风雨桥的建筑造型采用榫卯衔接，构造中不采用一颗螺钉，檐角通常向上翘起，并雕有龙凤等图案；而侗族鼓楼通常象征着侗族人民的大团结，当有重大事宜时，村民通常击鼓来召集人民开会。将这些具有侗族典型特色的风雨桥以及鼓楼建筑元素 IP 形象图案进行简化与提炼，分别应用到笔、墨瓶、印章、钱包等文创产品的设计中。(图 3-32)

图3-30 羌族乐舞文创（图片来源：ZCOOL/咩蛙）

图3-31 羌族文化手提包（设计：肖鑫）

图3-32　侗族钢笔礼盒（图片来源：ZCOOL/cui_Daily）

趣味性设计 趣味性设计方法主要是指通过设计能够让用户在使用过程中有一种轻松愉悦的体验，并满足用户直接的感性需求，从而使产品更能够赢得大众的喜爱。彝族文创主要是通过彝族服饰配色和一些节日活动场景进行有规律的拼合而设计的。（图 3-33）

火把节是彝族最隆重的传统节日，在节日当中，人们手持各种小型火把成群结队围绕在村边地头、田间，唱歌跳舞，以此祭火驱鬼邪。另外，跳虎节也是彝族的一种特殊风俗，人们在节日期间，一起迎虎、观虎跳跃、送虎，欢乐且有趣。将这些节日文化舞蹈元素作为 IP 形象，进行元素的提炼、变化，并把这些元素运用到徽章、抱枕、手机壳等文创产品中，受到很多消费者的喜爱。

图3-33 彝族文创（图片来源：ZCOOL/本我0717）

民族特色文化文创设计流程

设计流程一 挖掘民族特色文化 首先，通过对民族特色文化的文献资料阅读，探讨相关文创产品的设计并进行头脑风暴。（图 3-34）

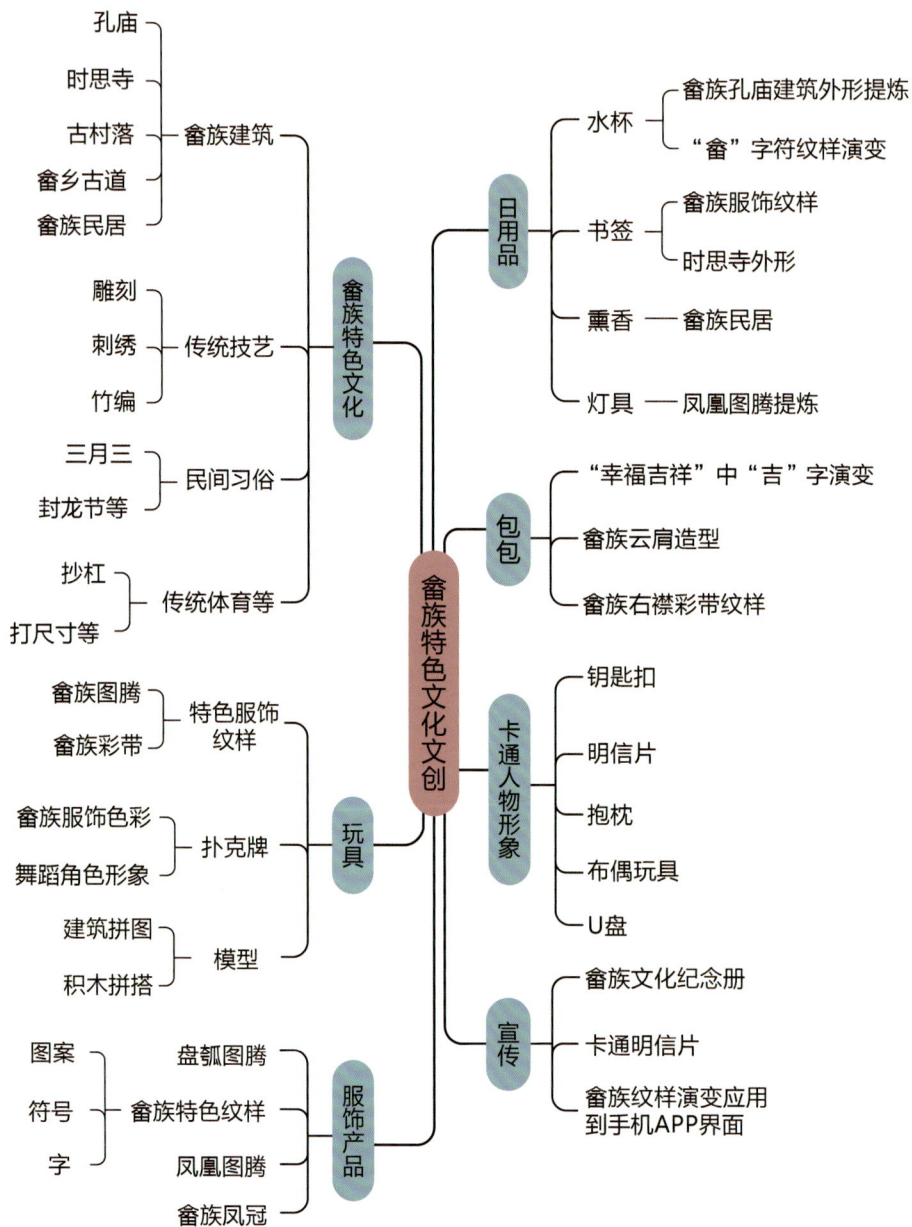

图3-34 民族特色文化文创设计头脑风暴

设计流程二 以畲族特色文化文创产品设计为例 通过对民族特色文化的头脑风暴，最终选取以畲族特色文化为例来进行文创产品的设计。畲族是我国南方的游耕民族，原居住地为广东潮汕凤凰山，是一个历史悠久的古老民族。"畲"意为刀耕火种，根据当时畲民到处开荒种地的游耕经济生活特点而被命名。畲族拥有盘瓠传说、三公主传说等神话典故，文化根基深厚。通过对畲族特色文化进行研究与探索，提炼畲族文化精髓，进行民族特色文化创作，能够更好地保护民族民间非物质文化遗产，传承畲族特色文化。（图 3-35 ）

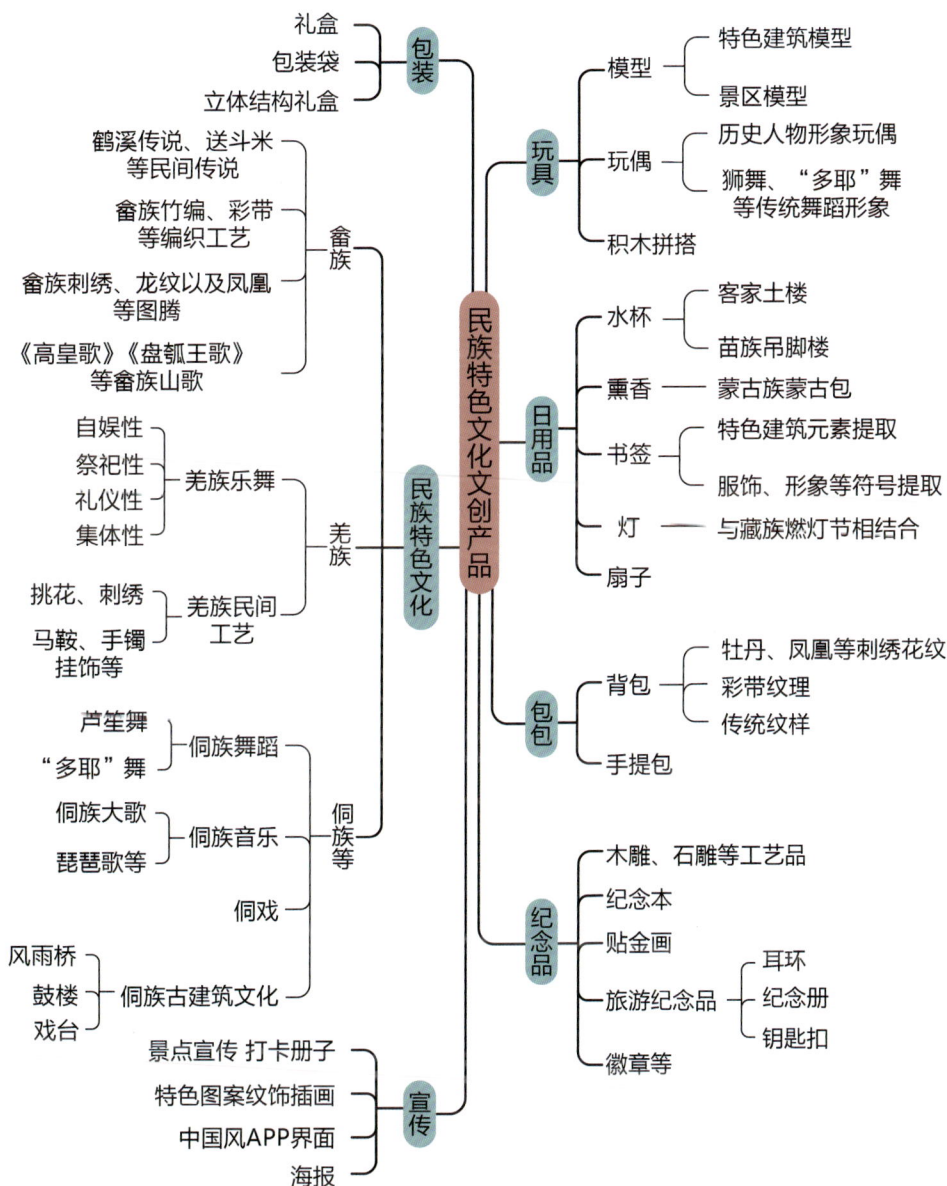

图3-35 畲族特色文化文创头脑风暴

畲族传统纹样背后的含义　畲族传统纹样有图案类、符号类和字类。字类又分为汉字彩带和意符文字彩带。意符文字看似是字却又不是汉字，畲民们认为这是祖传的祈求吉祥幸福的文字。可以通过使用图案类的会意图形和符号类的意符文字进行设计。部分纹样及其意义解释见下图。（图3-36）

设计流程三　市场调研　通过查阅相关文献资料以及走访景宁畲族自治县当地的畲族博物馆、大均畲乡之窗景区等地，对畲族刺绣、畲族彩带以及畲族图腾等特色文化进行调研。

通过对畲族特色文化进行研究与探索，将其与具有时尚潮流属性的现代文创产品进行结合设计，提炼畲族文化精髓，能够促进民族艺术的创作，保护民族民间非物质文化遗产，传承畲族文化。（图3-37）

	纹样	纹样解释		纹样	纹样解释
1		父	20		禽
2		男性	21		动物
3		云彩	22		丘陵
4		树果	23		连山
5		收货	24		邻舍
6		世业	25		亲戚
7		顺理	26		相邻
8		主家骨	27		合居
9		收支	28		相对
10		收入	29		相配
11		伟貌	30		往来
12		创大业	31		融合
13		聚会	32		天长地久
14		祭礼	33		广野
15		尊敬	34		母
16		交流	35		女性
17		靶口	36		民族繁荣
18		吊	37		?
19		风			

图3-36　畲族传统纹样释义

图3-37　畲族特色文化文创产品
（景宁畲族自治县畲风文化传播有限公司）

图3-38　畲族传统纹样释义

畲族刺绣　畲族人民不仅是劳动能手，也是刺绣的巧匠。畲族刺绣俗称"绣花"或"做花"。传统畲族妇女们所穿的服饰，花边多为妇女自绣，而较为复杂的人物、植物、动物等等刺绣图案几乎都由男性完成。刺绣纹样是畲族历史和文化的重要载体，畲民们以独特的视野和丰富的想象力将汉族的传统刺绣图案与畲族的织带相结合，绣出精美的手工刺绣品。它们被广泛的应用在服装、鞋帽、枕头和香袋等日常用品中，富有畲族特色的精美刺绣经久耐用，为畲族服饰增色添彩，为世人称慕，是畲族人民勤劳智慧的结晶。

畲族刺绣种类繁多。畲族妇女不仅喜欢在服饰的领口、袖口、衣襟边、围裙和鞋口上刺绣花鸟和几何图案，还喜欢将刺绣纹样绣在帐帘、肚兜、童帽、烟袋上用以装饰。经过历史长河的流传和积淀，畲族刺绣已形成鲜明的特性。工艺讲究、针脚严密、色彩艳丽、绣路层次分明、图案装饰感强、蕴含着美好寓意等等，都是畲族刺绣所拥有的。它既是令人喜爱的手工艺术，也是引人注目的民族标志。（图 3-38 ）

畲族彩带　畲族彩带是浙江省非物质文化遗产，具有鲜明的艺术特色。彩带即为花腰带，又称合手巾带。畲族彩带主要用作腰带、背包带、裤带等等。同时，彩带也承担了信物的功能。男女双方定亲之时，女方需赠予男方一条亲手编织的彩带，承载着祝福。彩带是畲族的吉祥物，它的织纹和释义中或是表现五谷丰登，或是赞扬勤劳勇敢，或是象征幸福爱情……从一定程度上来说，畲族彩带是一种活文物。畲族人民敬仰日、龙、巫、水、凤，在彩带中也多有表现。这些都是畲民们热爱生活的体现。（图 3-39，图 3-40）

畲族彩带的图案题材广泛，传统的纹样有凤凰图腾、具象类纹饰、抽象类纹饰、文字彩带四种主要样式。

图3-39　畲族彩带

图3-40　畲族图腾在产品上的应用

图3-41　现有售卖包袋

畲族图腾　畲族图腾主要有盘瓠图腾与凤凰图腾两种。盘瓠传说中，高辛帝将其女三公主嫁与盘瓠，传说三公主即为凤凰的化身。《尔雅·释鸟》记载凤凰外形特征："鸡头、燕颔、蛇颈、龟背、鱼尾、五彩色，高六尺许。"凤凰图腾作为畲族女始祖三公主的代表，深受畲族人民喜爱。畲民崇尚凤凰，在日常生活中多使用凤凰意象，应用于服饰、建筑、剪纸等多种领域。

畲族图腾在服饰上的表现主要体现在畲族凤凰装上，其造型、色彩、纹样均是对凤凰形态的模仿。一套凤凰装由凤冠、凤服、凤拦腰、凤带、凤鞋五件组成。凤凰装以黑色和青色为主调，给人以庄严朴实、凝重深沉的印象。而其装饰用色艳丽，色彩浓烈的图案与主调形成鲜明的对比，在视觉上给人以强烈的冲击感。

通过走访景宁畲族自治县当地的畲族博物馆、大均畲乡之窗景区以及畲族特色纪念品的展柜、店铺等地了解到目前畲族箱包多沿用畲族老式的牡丹、凤凰等刺绣花纹与配色。目前，畲族包袋的样式较为简单、花纹的颜色较为繁复。并且平日出门搭配不便，日常使用率不高。多为直接将彩带缝制到包袋上，创新不足，难以吸引消费者眼球（图 3-41）。在进行畲族特色文化文创产品设计时，可以参考现在的流行趋势，运用畲族特色的服饰纹样、字符以及传统民俗等元素图案，实现传统元素与现代文化的结合。

设计流程四　如何将畲族特色纹样应用在文创产品的设计中　畲族特色纹样是畲族特色文化重要的表现形式，不仅具有美好寓意的装饰功能，还具有丰富的精神文化内涵。畲族特色纹样种类繁多，主要包括字符纹样、动植物纹样、汉字纹样以及一些器物纹样等。探究畲族特色纹样在文创产品设计中应用方法，可以为文创产品的设计提供更好的设计思路，并结合现代潮流进行创作，也有助于畲族特色文化更好的发挥其艺术价值和文化传播。（表3-2）

表3-2　畲族视觉符号提取

方法	内容	元素	应用
平面吉祥纹样立体化	将畲族特色纹样中的平面元素应用于立体的文创产品中。在转化过程中要特别注意纹样原有的尺寸、比例以及纹样之间的关系。如畲族设计师蓝作掇先生设计的蓝牙音箱，一方面是提取了畲族中的"畲"字进行立体化提炼，另一方面以刀耕火种为原型，结合传统服饰进行创造，设计出极具畲族特色的IP形象。（图片来源：畲乡物语）		
连续性纹样提炼法	连续纹样可分为二方连续纹样和四方连续纹样。通常用这种方法对文字图案进行创作排列。将"交流"与"民族繁荣"所代表的纹样结合在一起，进行有序排列所形成的图案应用在手提包产品上，既寓意着民族之间的团结与繁荣，又体现了畲族古朴典雅。（图片来源：站酷网/盖盖钙）		
特色纹样形态重构法	提取具有美好寓意的凤凰以及龙纹图腾进行相应的结构、变形、重组等，并结合茶叶包装进行设计，既能够突出畲族的文化特色，又能够促进不同民族之间文化交流。（图片来源：站酷网/明晓晓）		

设计流程五　受众分析　目前市面上的民族风情包大多作为旅游纪念品而设计制作。其样式、花纹、配色等受到中老年人喜爱，而在年轻群体中受众不多。我们可以将传统文化带入现代生活，让民族特色进入年轻人的视野，唤醒年轻一代对传统文化的认知与热情。所以将目标群体定为具有一定消费能力的现代女性。

设计流程六　产品定位　设计一套适用于日常上学、上班通勤、采购、踏青郊游、出席晚宴展会等不同场合的一系列包袋。做到既可日用，也可在穿着民族服饰、出席展会等情况时使用。

在设计中，首先思考了传统纹样符号在包袋装饰上的应用。其次参考畲族传统服饰的设计手法，尝试将服饰与包袋结合。最后从畲族意符文字"幸福吉祥"入手，结合设计流程四当中所涉及的平面吉祥纹样立体化以及连续性纹样提炼法，探究包袋造型的设计。

设计流程七 设计草图及方案表现

设计草图 大手提包借用了畲族服饰衣领的样式，并结合云肩相关的图形元素，辅以畲族彩带花纹。小手提包、挎包的造型主要借鉴畲族围裙样式，与大手提包组合。另外小手提包、挎包、拎包的上下结合部分的波浪形也应用了云肩的相关元素。包袋主色调定为深蓝色，做到与畲族传统服饰的主色调相匹配。在各个包袋上用畲族彩带作为装饰。提手部分采用竹鞭，造型独特又不失民族感。（图 3-42 ）

在配色方案上使用多种颜色的彩带，对每个包袋的颜色种类做好控制。并将畲族凤凰图腾的色彩装饰在包袋上，既寓意着凤凰五色，也突出了民族风的特点。（图 3-43 ）

设计流程八 成品展示及细节展示

此系列包袋设计元素提取畲族意符文字"幸福吉祥"之"吉"字，通过演变进行包袋造型设计。在设计过程中，将民族传统与现代生活结合在一起，用现代年轻大众、汉族群体喜爱的方式表现。主要调选畲族服饰主色调之一的蓝色，辅以畲族彩带装饰，主体颜色沉稳中带有亮色。提手部分选用竹根，材料自然。竹制品也是畲民日常生活中的常见品，使用竹根符合畲族特色。全系列包型设计大方不失俏皮，既可在穿着民族服饰时使用，又可在平日生活中搭配。

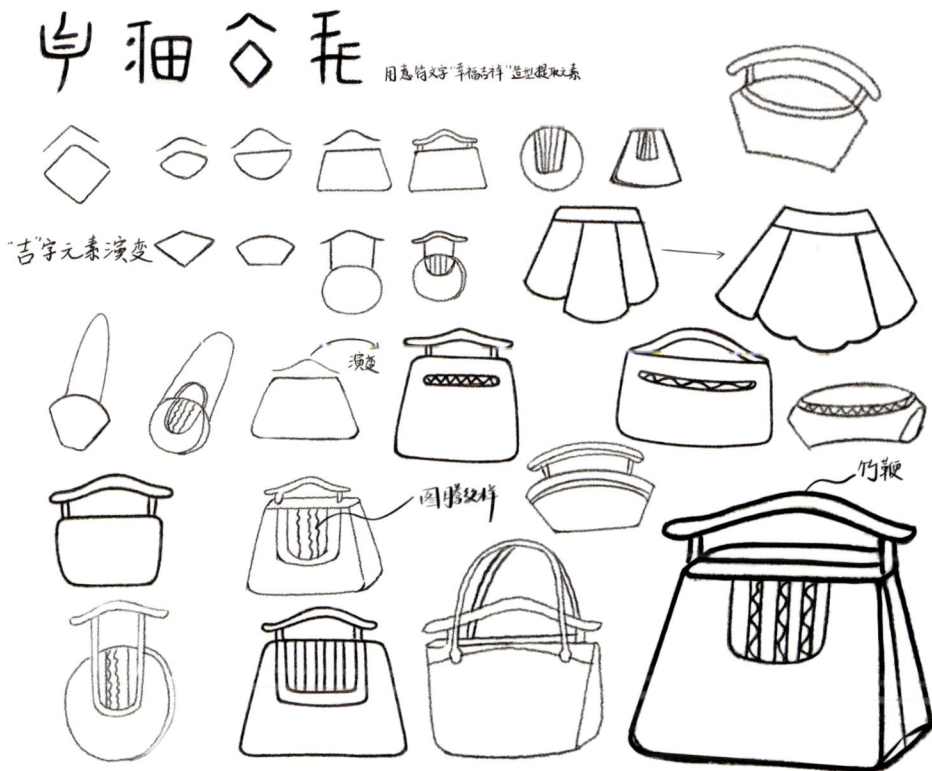

图3-42 设计草图

图3-43 设计方案表现

连接包身与提手的位置：小拎包采用皮革胶粘连布料与竹提手的方式连接。从提手的弯曲加工工艺考虑，若选用实木材料则需要切割一整块木料，生产成本过高。而竹材弯曲较为容易，所以选择竹鞭来生产。小手提包采用布料缝合的方式，收紧布料与竹提手的间隙，从而起到固定作用。圆挎包采用热熔胶与铜钉结合使用的方式固定住竹提手与金属部件。(图3-44)

小结 景宁畲族自治县是全国唯一的畲族自治县，以畲族风情为旅游卖点。将畲族特色文化元素融入设计中来，即能够唤醒淡出年轻人视线的民族文化，也能够提升民族认同感。希望未来能在市面上看见更多的具有畲族特色文化元素的产品，提高民族吸引力，让更多人了解畲族，传承畲族文化，弘扬畲族精神。

基于民族特色文化进行设计的文创产品，不仅仅只局限于特色的纹样以及传统技艺，还包括一些吉祥文化、具有民族特色的戏曲以及民俗等，围绕这些具有民族特色的文化IP形象，挖掘其文化背后的精髓，将其图形、寓意进行创新并运用到文创产品设计中才能够创造出优秀的作品。

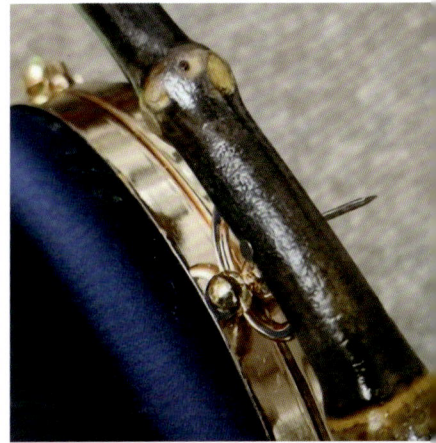

图3-44　最终成品图及细节展示（设计：钟柳依）

第五节　城市特色文化文创产品设计

　　城市文化如同一张包罗万象的名片，处处彰显着一个城市的形态与精神。城市的形态文化可以从建筑、道路、地理、地形等展现，而它的精神文化可以通过技艺、民俗、艺术、宗教等展示出来。城市特色文化较抽象、也难表达，通过城市文创产品传播城市文化是一种有效途径。而作为具体有形的产品，它在消费者使用的过程中会不断展示一所城市的特色文化并让受众理解和接受这种文化。

城市特色文化文创产品设计方法

　　方法一　平面提炼法　该设计方法是将城市的形态特征抽象成平面的图像，大多数是将典型建筑的轮廓和色彩特征进行简单概括，并加以解构、重构等设计方法，然后运用到各种产品上。它可以直观地彰显出一个城市的面貌，从而高效、便捷地传播城市文化。

　　厦门城市明信片设计。明信片是平面化设计中最能传播城市文化的一款文创设计。这款明信片充满设计性的表现了厦门的特色景点，有带来好运气的厦门佛门圣地"南普陀"；有承载着无数厦门记忆的厦门小吃集市"厦门八市"；有传统和潮流碰撞的厦门文艺新地"沙坡尾"……为了让消费者更有探究城市特色的代入感，设计师还设计了"查三只"可爱的卡通形象，让它们带领消费者漫游厦门。以胡里山炮台这张明信片为例，设计师首先用简练的线条提炼出炮台的外轮廓，再用重复、组合等设计方法把这些图形进行排列，构建出前后、左右等视觉上的立体感。炮台作为主体物运用了橘色系这一亮眼的颜色，而周围的山、海等环境物用了蓝色系，对比色的运用让这张明信片更能吸引消费者的眼球，传递出厦门的特色。（图 3-45）

封套正面 封套背面

图3-45 厦门城市明信片（设计：陈旭）

方法二　形态转化法　该设计方法是把一座城市最具代表的城市元素如历史悠久的地标建筑、博物馆藏品、地方美食等有效的融入产品中。将城市元素的造型体现在产品的结构线条中，使功能与结构完美契合。这一类产品较多设计为桌面物品：玩具摆件、笔筒、抽纸盒、花瓶等。

《长安十三街》神兽盲盒设计。西安是华夏文明的重要发祥地之一，悠久的历史文化积淀为西安的文创产品设计提供了得天独厚的资源，设计师在西安的各大博物馆中选取了日己觥、兽首玛瑙杯、虎符、金怪兽、皇后玉玺、牛尊、鎏金铁芯铜龙、淳化大鼎八件珍宝作为盲盒形象设计来源。他们在高度尊重文物原形象的基础上，围绕着文物原型对其进行生动化处理，将其形象主观处理为受大众喜爱的方向。以淳化大鼎为例，设计师把这件巨大冰冷的古代青铜器转化成了憨态可掬的玩具摆件。他们在鼎腹中部加饰了夸张的嘴部表情和犀利的眼神，给予拟人化的处理，鼎足和鼎耳自然的转变为摆件的腿部和耳朵，提炼的细雷纹和饕餮纹作为装饰表现在外部。最后选择将承载着西安文化的玩具用当下潮流的盲盒形式传播到消费者中。（图3-46）

方法三　借物喻意法　该设计方法是借用城市的形态元素来表现城市的精神特征，运用现代艺术的设计手法、表现形式将城市中优秀的民俗习惯、历史事件、方言文化等赋予在文创产品中，它们蕴藏了特定的内涵与寓意，这类产品具有较高的文化价值和收藏价值。

杭州亚运会吉祥物设计。中国美术学院设计师张文、杨毅弘以"杭州元素高度精炼，造型高度精准，文化蕴涵深度挖掘"为创作初心，设计出了一组名叫"江南忆"的吉祥物。他们由三个机器人组成，分别叫叫"琮琮""莲莲""宸宸"，都代表了杭州的城市特色。"琮琮"的名字源于良渚古城遗址出土的代表性文物玉琮，"莲莲"的名字源于远近闻名的西湖，在西湖之上有广阔无垠的莲叶。"宸宸"则是源于拱宸桥，京杭大运河杭州段的标志性建筑。（图3-47）

图3-46 《长安十三街》盲盒
（设计：李松懿、张鹏飞、王嘉琦）

图3-47 2022年杭州亚运会吉祥物
（设计：张文、杨毅弘）

城市特色文化文创产品设计基本流程
（以绍兴文化结合的珍珠首饰设计为例）

城市背景探究 这是一座拥有 2500 多年建城史的古老城市，悠久绵长的时光给这座城市留下了丰富的历史古迹和独特的文化底蕴。以水化形，以文铸魂，这座江南水乡的文化萦绕在水文化、酒文化、人文风俗、民居建筑这四个领域。

水是绍兴市发展的源泉，大多数人对绍兴的第一印象，可能是鲁迅笔下那戴着乌毡帽的船翁撑着小巧的乌篷船在蜿蜒的河道中行驶的场景。从千年前的大禹治水到鉴湖、三江闸水利工程的修建，再到如今打造的"一环两江三线"的河湖体系格局，绍兴的发展离不开水文化的研究和开发。例如黄酒中享誉盛名的绍兴黄酒就是由鉴湖水酿造而来的，古酒为平静的湖水增添了独具特色的人文气息。由酒诞生了开酿节、封坛节等绍兴独有的节日，由酒让我们回忆起王羲之的曲水流觞，徐渭的狂生醉酒。

这些独有的特色文化为绍兴的城市文创提供了得天独厚的条件。早在 2005 年，绍兴市就制定了建设文化强市的战略，发展至今已经形成多所文化创意产业园区，绍兴文化形象的发展向前推动了一大步。这些富有绍兴特色的文创产品全面展示了城市魅力，推动了城市文化传播，同时带动了旅游业的发展，吸引了各地旅客和优秀人才前来，让文化产业的所占 GDP 逐年上升。

城市文化思维发散 从绍兴市最具特色的四部分文化入手，进行城市文化的思维发散，分别为绍兴水文化、酒文化、人文风俗和民居建筑。通过此种方法，对绍兴文化有全面的了解，为后期的以绍兴特色文化为中心的首饰设计做铺垫。（图 3-48）

实地调研 在思维发散的基础上，设计师前往绍兴进行实地调研，考察当地的风土人情、建筑结构，图案纹样等，为后期首饰产品的元素提取收集灵感来源。考虑到首饰材质的多样化、成品的优质感，设计师还去了有"世界珍珠看中国，中国珍珠在诸暨"美誉的华东国际珠宝城，计划设计出具有绍兴文化元素的珍珠首饰。（图 3-49）

草图绘制 结合思维发散和实地调研，提取出了绍兴的特色文化元素，与珍珠进行精巧的镶嵌搭配，从多个方向进行设计，把水纹、鱼、乌篷船、古纤道和建筑窗格这些设计元素进行自由组合搭配。在设计造型中，用立体构成感创造出造型上的突破，整体追求简单舒适的感觉，从而吸引具有一定审美能力、热爱传统文化的消费者。（图 3-50）

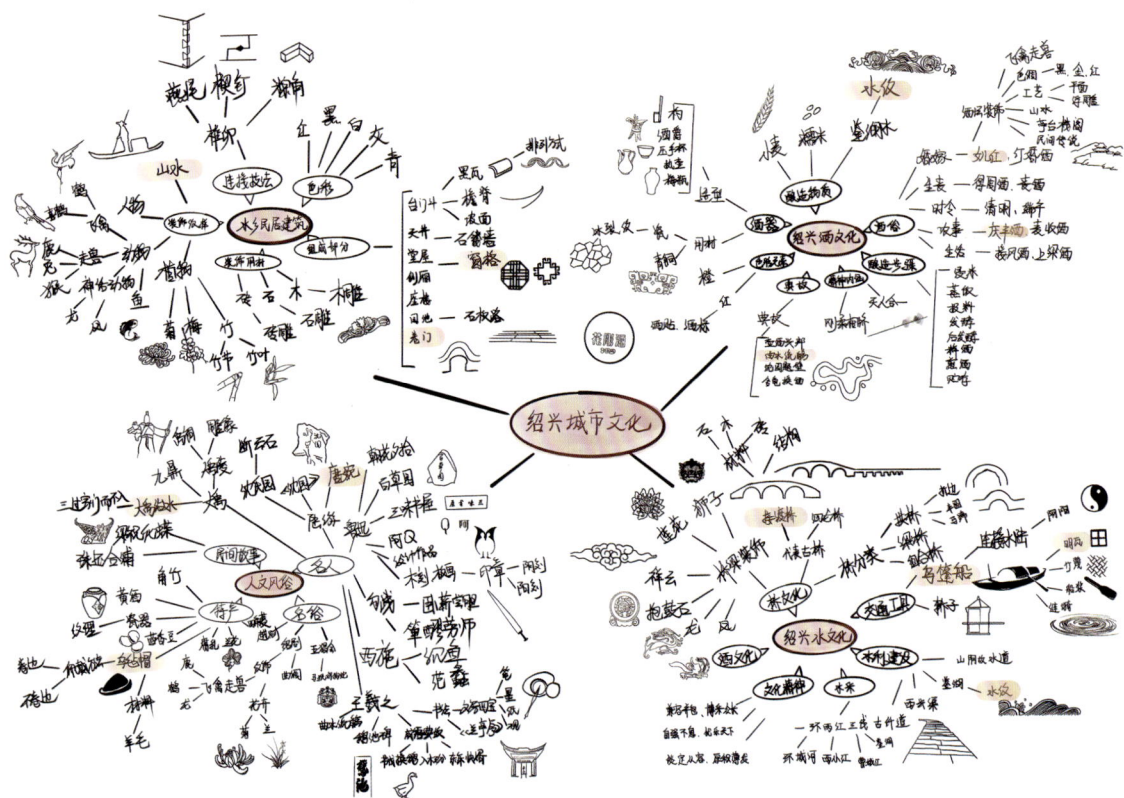

图3-48　绍兴城市文化思维发散

图3-49　绍兴房屋、门窗、桥梁河道调研

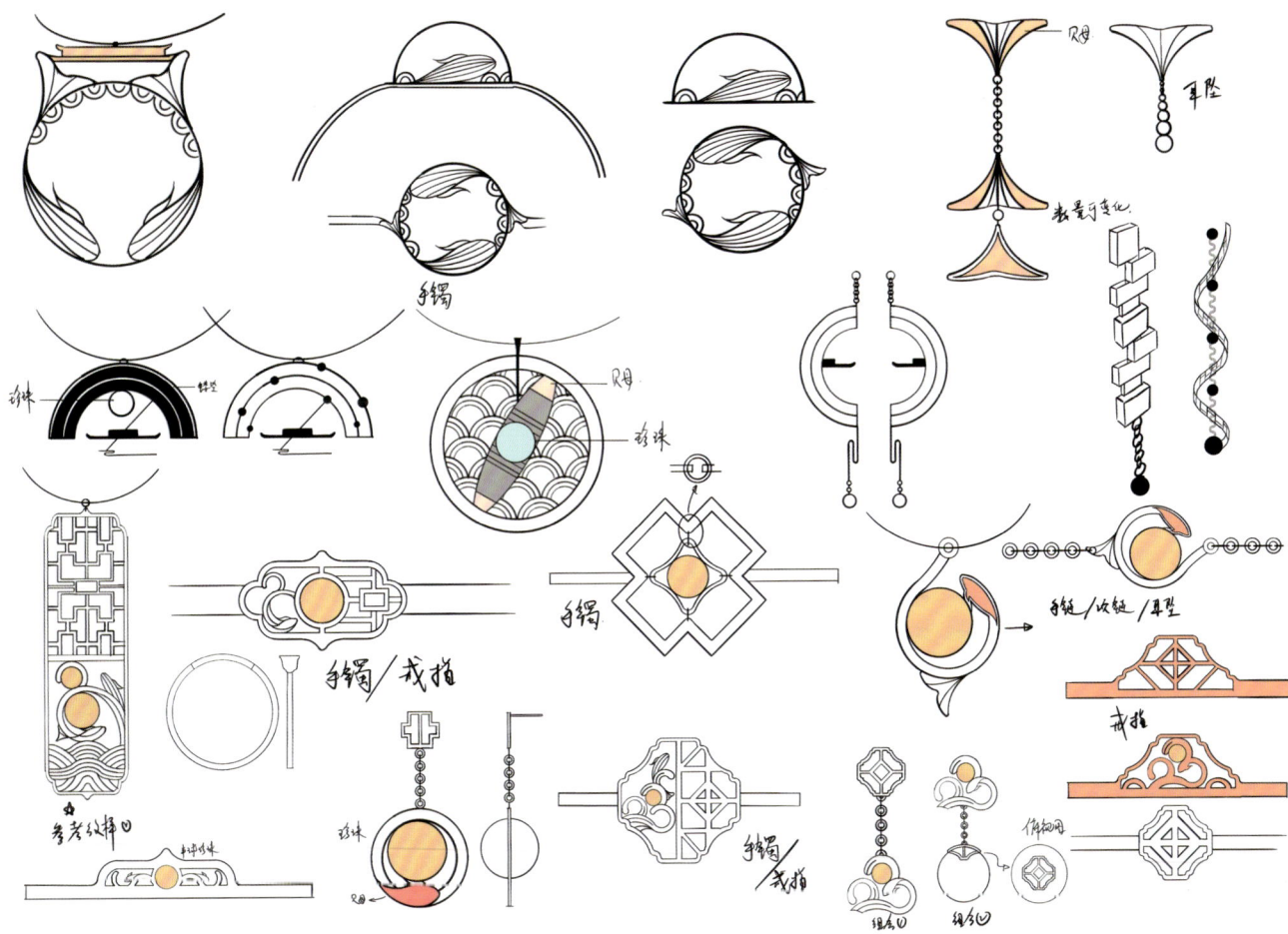

图3-50　水纹和建筑窗格结合的首饰设计草图

最终方案呈现　综合考虑绍兴的城市特色与珍珠的和谐搭配，最终整合出基于水乡文化的两套首饰系列，即：小桥流水、流水人家，两个系列均采用铜和珍珠制作。铜有辟邪的含义，而珍珠象征着健康、高贵和纯洁的寓意，二者结合，寓意美好。

小桥流水系列主要元素是水纹、桥、船，造型以弧形线条为主，喻指水的柔美，整个系列也象征绍兴水乡的静谧、柔和、宁静、悠闲。其中两款项链都采用了上下式的组合方式，图 3-52 左侧方案中珍珠充当了太阳，桥与水纹的结合营造出落日摆动的意境，展现出绍兴在大多数人心中江南水乡的样貌。右侧方案中的珍珠则巧妙的变成了水珠，大小不一的散落在拱桥上。在耳坠的设计中，用被桥遮挡的乌篷船呈现出船在水面上缓缓驶出的动态美感，同时加入了贝母材质的使用，多样化的材质给系列设计带来了新鲜感。胸针中间的装饰运用了倾斜的乌篷船造型，鼓起的乌篷巧妙的充当珍珠托底，别针运用了船桨的造型。

流水人家系列主要采用了水乡建筑窗格的纹样与水纹造型，整个系列形成一种规则与非规则、动态与静态的对比效果，象征着绍兴水乡生活的静谧和水乡人民柔和的性格，刚柔相济。其中的几款手镯运用了不同的窗格纹样作为装饰，有冰裂纹、步步锦、海棠纹、十字纹、万字纹等。中间用鱼尾、桥梁、水纹装饰结构作为托底包裹住珍珠，营造出精致高贵的美感。项链采用左右式组合方式，左半部分运用了自由的水纹，右半部分则是较为规整的窗格纹样，两者的结合营造出别样的形式美感。耳坠的上方同样运用不同窗格纹样作为装饰，下方的装饰部位包裹住珍珠，体现出小巧灵动之感。（图 3-51，图 3-52）

小结　近些年随着我国城市化的不断推进，都市圈、城市群、城市带和中心城市的不断涌现，城市文明也显得越来越重要。人们带着新的意识形态去认识城市，因此城市的文化挖掘和传播变得尤为重要，通过赋予当地特色的文创产品展示出城市良好的形象，进而吸引人们对这座城市的探究。

图 3-51　小桥流水系列整体展示图（设计：沈晓辉 / 指导：王丽）

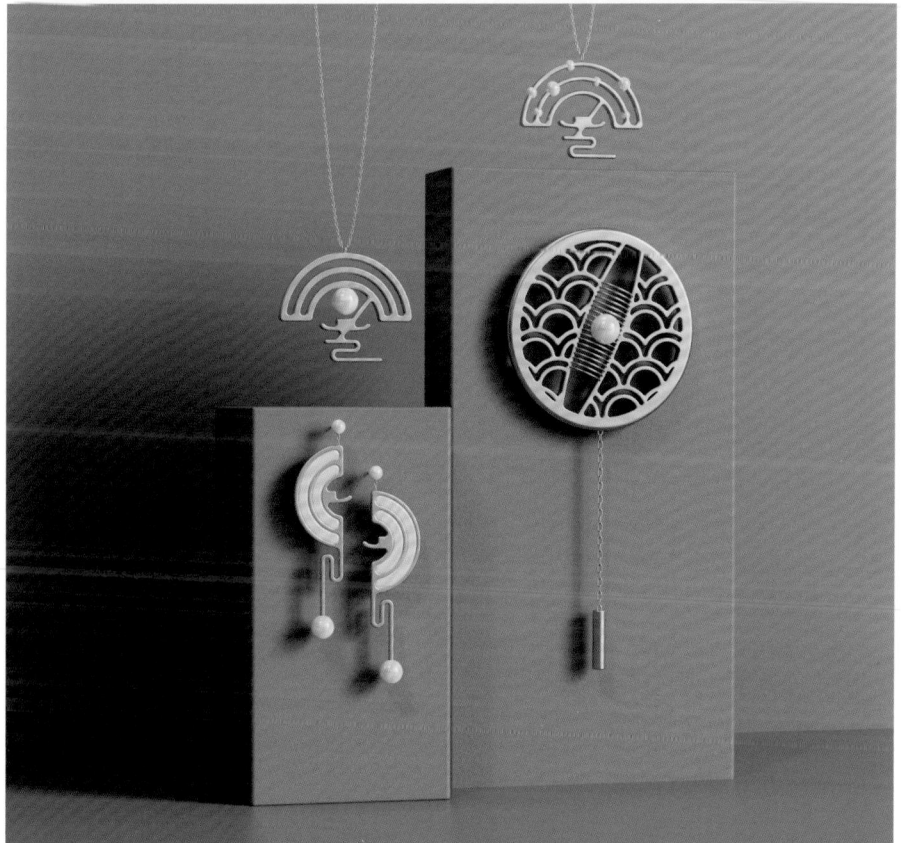

图 3-52　流水人家系列整体展示图（设计：沈晓辉 / 指导：王丽）

第六节　艺术家特色文化文创产品设计

　　艺术家特色的文创设计方法主要是通过对艺术家作品的特征元素提取后进行再创作，其设计除带有作品本身的审美意义，也会根据产品的具体属性和消费者的需求，在功能上或艺术形式上增添新鲜元素，开发出各式各样的文创产品。

　　艺术衍生品作为艺术家作品的一种附加的文化创意设计产物，通常是根据杰出的艺术品，经过再创造设计衍生而来。与带有唯一性和独特性的艺术品本身相比，艺术衍生品对消费者而言是一种可负担的选择，其满足了消费者对艺术作品的追求愿望，且易于购买，因此受到消费者的追捧。当代社会中，火热的文创设计让艺术衍生品成为了日趋流行的大势，真正意义上实现了消费者"把艺术带回家"的愿望。

艺术家特色文创产品设计方法

　　方法一　元素直译法　元素直译法是最基本的艺术家特色文创设计方法，用此方法设计的文创产品以艺术家作品的特定符号为依托，通过提取艺术品的符号内容，实现元素的复制，将艺术品的整体视觉或局部元素融入相应的产品载体中，设计出符合审美性和实用性的艺术衍生商品。

　　元素直译法中，最常见的是将艺术作品的符号元素（图像、纹样、造型等）直接用于文创设计上。不同的艺术家所彰显的个人风格元素不一，符号性元素则是风格各异的首要特征，把艺术作品风格中最具代表性的元素直译到文创设计上，实现把艺术品复制或进行现代化的转换，设计出形式优美简洁，兼具装饰功能及艺术内涵的文创产品。

　　除提取应用艺术品的图像元素，还有局部分析艺术品的构成形式，提炼关于艺术品形体、明暗、色彩、空间、材质、肌理等构成元素，还原艺术细节。如在还原梵高《向日葵》的画面上，设计者重点分析了《向日葵》中38种黄色色值，让不同色值和层次感的黄色体现在设计作品中，尽可能将属于梵高的色彩符号还原到文创设计中。

　　方法二　功能结合法　功能结合法是在元素直译法的基础上，从符号应用到功能转换的一种艺术衍生品文创设计手法。功能结合法主要是探索产品形式和用户需求间平衡点，以艺术本体为依据，结合产品的功能性，以人为本考虑设计细节。

图3-53　《乾隆大阅图》　　　　图3-54　神骏水果叉　　　　图3-55　《朕知道了》系列胶带纸

　　如太阳神是常见的法国雕塑艺术题材，文创设计者则颇具心思地提取了太阳神造型中极具代表性的金色头发造型，应用在镜子的设计中。他们将阿波罗的头发以及代表着神圣的光芒作为装饰，点缀在镜子周边，当使用者照镜子时，镜中的人物会与镜子外围的金色装饰融合，巧妙地拉近了使用者与文创设计品以及艺术原型之间的关系。

　　故宫文创产品神骏水果叉也是运用功能结合法创作的作品。神骏水果叉取材于清朝宫廷画家郎世宁的作品《乾隆大阅图》（图 3-53）中骏马的形象。文创设计者将战马的箭筒形象与水果叉的功能精巧联结，形成一件既涵盖生动艺术形象，又带有实用性功能的作品。（图 3-54）

　　方法三　整合延伸法　整合延伸法是结合了元素及功能的考虑，加入当下市场敏感的流行元素，唤起受众创意共鸣的另外一种创新性设计手法。艺术家作品中蕴含许多经典的符号以及艺术家本身的个人特色，它们不仅代表着当时被创作时所赋予的寓意，还在漫长的岁月沉淀里被往后不同的时代赋予不同的象征意义。在艺术家特色衍生品的文创设计中，可根据艺术作品本身的经典元素，加入时代的先锋潮流，创作出革新性的作品。

　　台北故宫博物院的胶带纸"朕知道了"系列（图 3-55）一经推出，立即火爆整个文创市场，这背后的成功之道，实则来源于整合延伸法的设计创意。众所周知，"朕知道了"胶带上的书法为康熙皇帝的御笔真迹，其书法有董其昌之气韵，蕴含传统中国书法艺术。当代潮流讲求标新立异，"朕知道了"带出的是帝王风范，在日常生活中使用印有"朕知道了"的胶带，以黑色幽默的手法，满足年下青年追求的"酷炫"之感，让古代帝王真迹不再是深藏博物馆遥不可及的圣物，而是通过胶带纸的设计实现"平民化"。

晨晓艺术特色分析

　　作为新西兰当代艺术的代表人物，晨晓在当代艺术史中占有重要地位，被誉为新西兰"晨氏唯美表现主义"。晨晓在艺术创作上一直致力于探索东方元素与西方唯心主义艺术精神的关系，通过以唯美表现主义手法描绘人类的精神世界，从心灵出发，唤起人们的环保意识，表达对世界，对大自然的一种纯朴情怀。艺术对于晨晓而言是自我的坚持和信念的实现，他用色彩和自然来吻合世界，以人们共同的行为，确立以艺术作为触动心灵互动的一种意义与价值。

　　色彩，是晨晓艺术的关键。在晨晓看来，艺术就是视觉化的纯然表达，作品就是色彩的交相辉映，在此之中的单纯和独立，即是艺术创作的真谛。在色彩关系的微妙变化中，晨晓实现了具象和抽象间的平衡。通过色彩的研究和实践，晨晓将不同色系的微妙变化发展为自己的方法论，与此同时也借助色彩，推动对艺术创作观念的变迁。

　　组画《绍兴水乡》（图3-56）是晨晓对江南美景的及时纪录。在晨晓的艺术里，能感受到绍兴城的那股淡然恬静意境。他用那绚烂的色彩，豪放的笔调，将对绍兴城的绵密之情，融入画面的每一个角落。厚朴的造型，多彩的画面，在浓郁中透出空灵，在热闹里隐藏着安逸。黑瓦白墙的绍兴民居，灯火阑珊的水乡阡陌，载韶年华的乌篷小船，渔舟唱晚的归乡路，在晨晓笔下，这些飘散出温润气息的江南美景，让人陶醉。

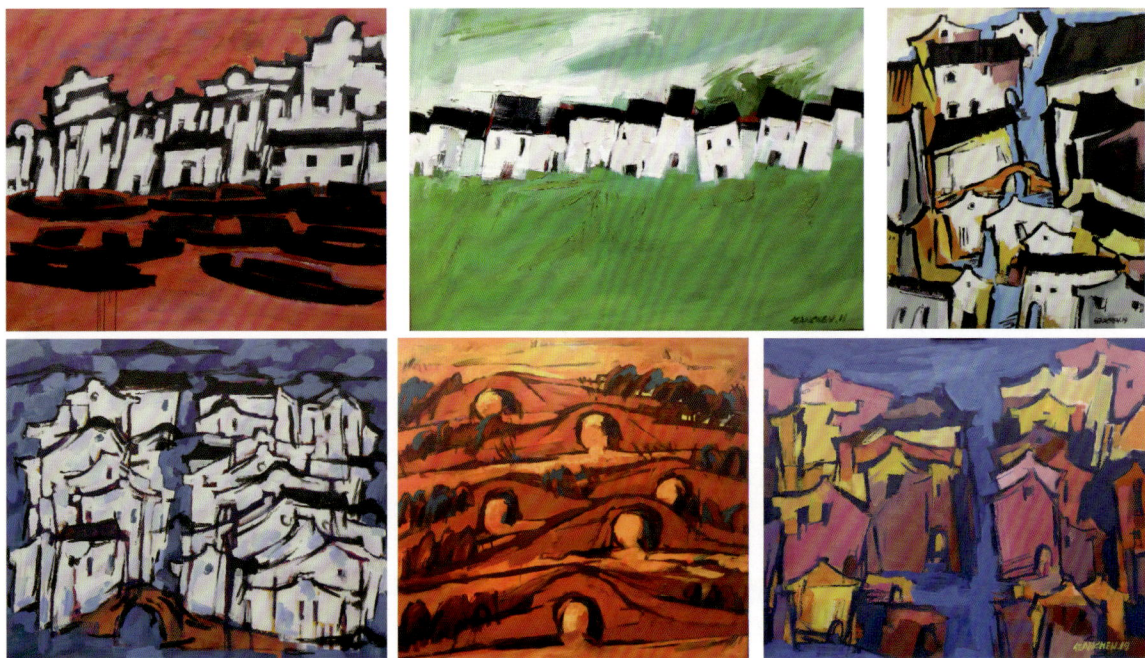

图3-56 《绍兴水乡组画》:《渔樵唱晚照归乡》《乌篷船载韶年华》《青草溪头旧人家》《朗月临窗入梦明》《灯火阑珊水乡局》《小桥流水隐红霞》《月光如水澄心灯》

艺术家特色文创产品设计
（以晨晓《绍兴水乡》旅游文创产品设计为例）

市场调研 旅游文创产品是通过在文创产品中体现地方特色，传递当地文化的一种纪念性商品，是传承发扬地方文化精神的重要载体，同时也是拉动地方旅游经济的重要手段。

根据客观表现，旅游文创产品设计的主题可分为：

（1）自然景观；（2）建筑风貌；（3）民俗文化。

根据消费群体的定位和需求，旅游文创产品的分类有：

（1）观赏性设计；（2）实用性设计；（3）知识性设计。

通过对旅游文创市场的分析可发现，各地虽主力开发旅游纪念品，但"简单粗暴"的形式，同质化的产品，与消费者生活相离甚远的设计等情况此起彼伏，"无价值性"成为许多旅游文创产品让人诟病的标签。

结合艺术家特色和当地旅游特色而成的文创设计，则有别于存在设计同质化或缺乏创意等问题的旅游文创产品，以艺术介入的手法，将艺术家独树一帜的艺术形式转化为旅游文化符号，在创新设计理念和载体形态上形成突破。利用跨界资源的整合方式，让当地文化元素的呈现更为多元化，同时艺术家的名人效应和艺术作品的知名度，无形之中也增加了产品的核心竞争力。

受众分析 设计针对于热爱艺术，追求具备一定艺术附加价值的设计用品，希望通过艺术图像的形式美化或修饰生活的特定人群。他们在选择旅游纪念品的过程中，会偏向更具艺术化形式的文创设计产品。

产品定位 产品定位围绕着旅游群体的需求，以实用性生活用品为主，在携带上，材质上和功能性上作出考虑。结合旅游纪念品的需求同时，与艺术作品相呼应，更好地带出艺术作品的审美功能。

晨晓《绍兴水乡》（图 3-57）旅游文创产品设计不仅是旅游纪念品设计，更是富含审美内涵的艺术衍生品，带有艺术家的特色符号，并符合以下设计原则：

审美性原则。挖掘旅游当地文化特色，提取艺术符号是常用于旅游文创设计中的方法。晨晓《绍兴水乡》旅游文创产品设计以晨晓的系列组画《绍兴水乡》为主要取材，通过审美特征的放大，将艺术家笔下的绍兴美景和人文特质创造性地呈现，在显现艺术生命力的同时，带出绍兴当地的人文审美特色。

品牌性原则。品牌的独特性是指某一类型的产品与其他类型形成的鲜明对比。艺术衍生品的设计，本身就是借助艺术独特的形式及艺术家的"名人效应"，透过产品的形式带出背后的含义，树立起品牌特有性。晨晓《绍兴水乡》旅游文创产品设计自带艺术家品牌特色，在市场上众多产品中脱颖而出，是取得成功的关键。

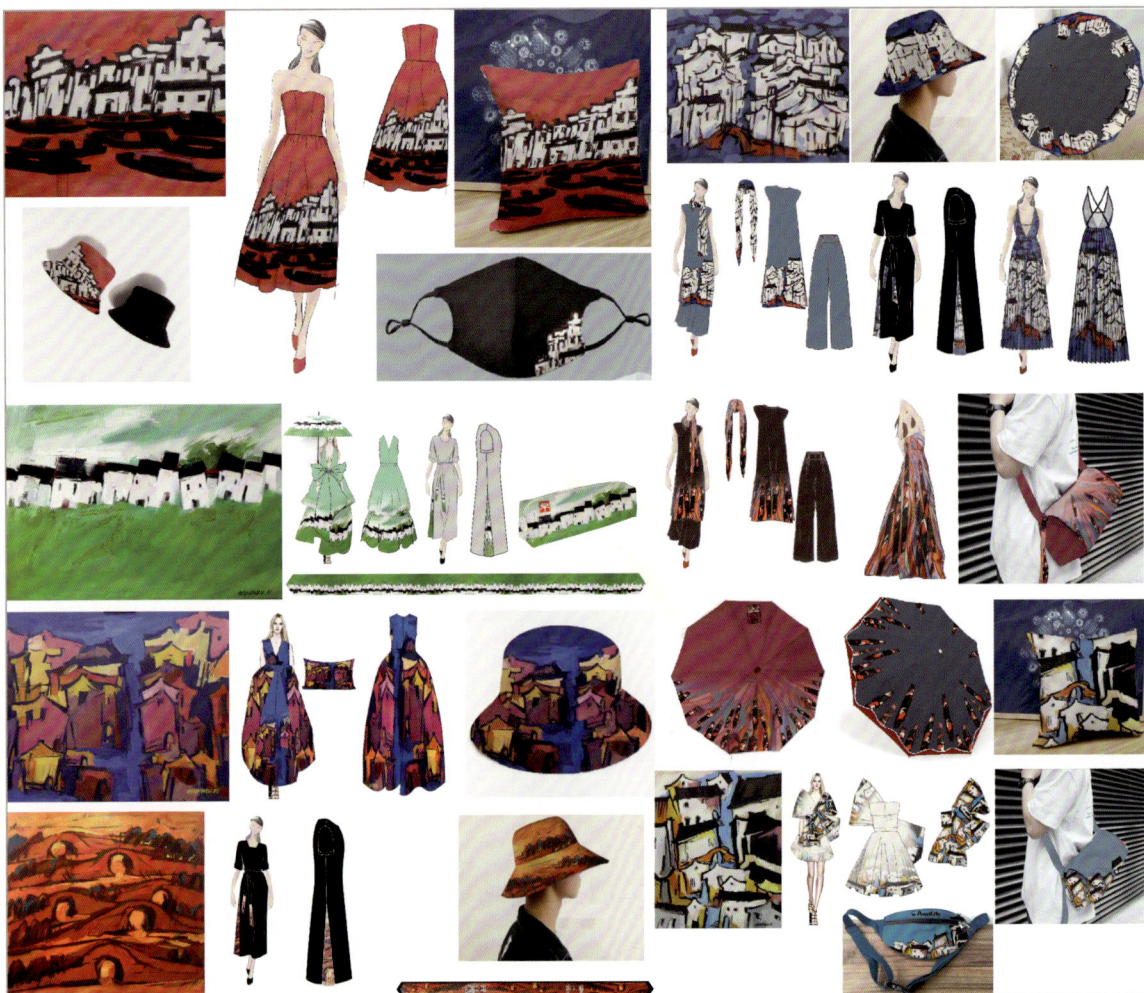

图3-57　晨晓《绍兴水乡》旅游文创产品效果图

　　创新性原则。晨晓《绍兴水乡》旅游文创产品设计集中为实用性产品研发，除了对产品功能性的拓展外，在产品材质的选择上，融合了创新性研发的珍珠纳米新材料，把具有本地特色的新技术面料运用到文创设计产品中，促进技术、艺术与文化的融合。

　　产品设计　晨晓《绍兴水乡》旅游文创产品（图3-57）以装饰类和日常用品类产品为主，兼顾消费者观赏性和实用性的追求愿望，避开了旅游纪念品"一次性消费"的雷区，深受购买者喜爱。区别于同质化产品的情况，晨晓《绍兴水乡》旅游文创产品通过艺术背后的功能，传递出绍兴的地方文化内涵，促进绍兴的文创品牌发展。

产品销售 随着旅游产业的升级发展，既能传播旅游文化，又可增加盈收途径的旅游文创产品成为了休闲旅游的最佳配套。作为联合旅游业与文化产业的重要纽带，旅游文创产品可有效地促进景区优质化发展，是产品结合旅游文化传播的最佳方式。

绍兴珍珠科创艺术馆（图 3-58）是结合鲁迅故里绍兴水乡特色与晨晓色彩艺术联名打造的沉浸式文创艺术销售空间，致力于开创艺术文创旅游结合产业带的新零售模式。基于以游客为本，需求为重，产品为胜的产品开发理念，在以晨晓《绍兴水乡》为题的旅游文创产品设计中，除考虑绍兴当地文化特色及晨晓艺术风格呈现，更是把精力集中在分析客体消费习惯上。如来自

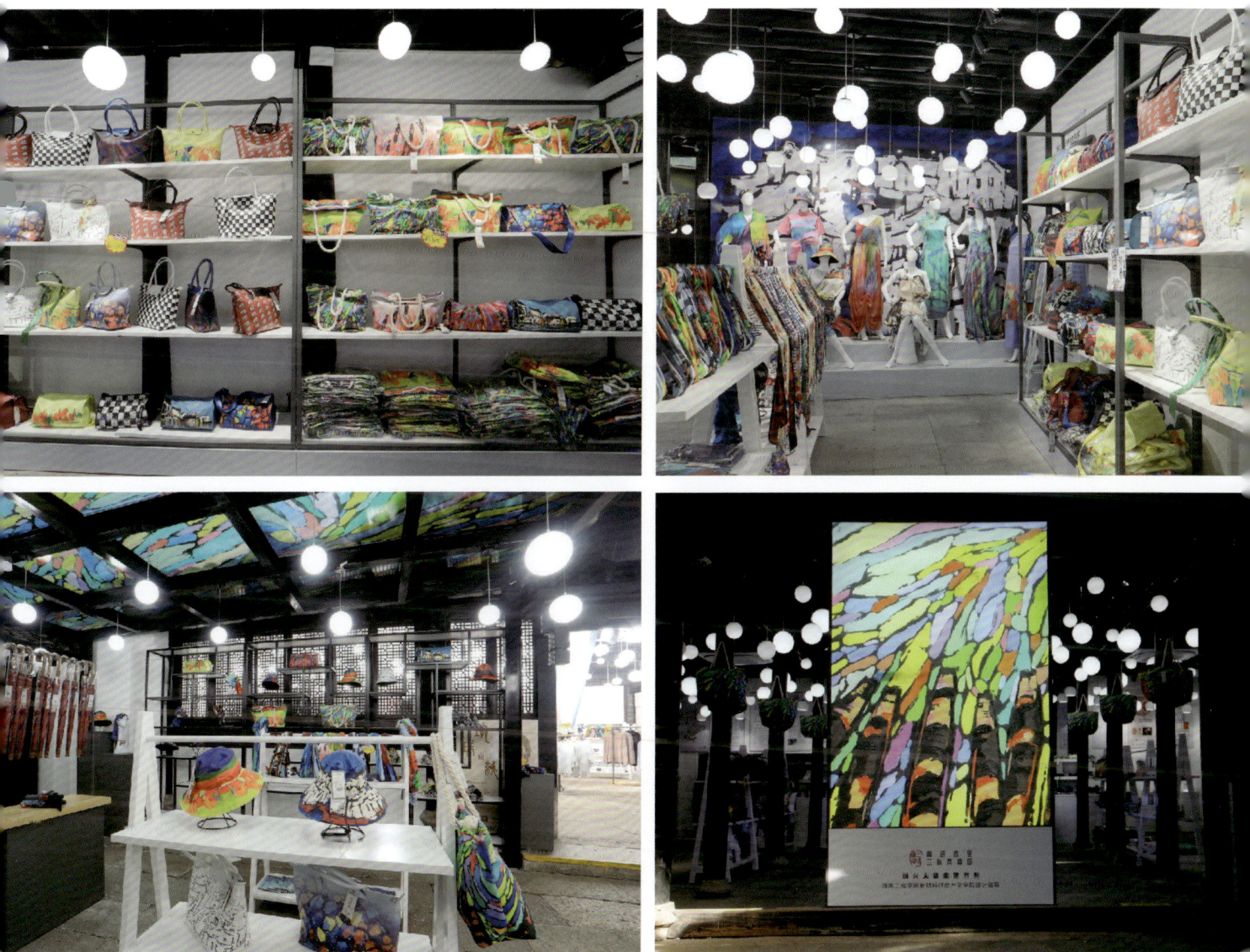

图3-58 绍兴珍珠科创艺术馆

上海地区的女性游客偏爱体现装饰感与质感的产品，因此在产品购买上，她们更倾向于选择具备优质手感且体现艺术情操的纺织产品。通过对游客群体的消费习惯分析，更精准地开发旅游文创产品，提升游客对文创产品购买的转化率。

  小结 艺术家特色文创是艺术衍生品之一，也是实现当代消费者"买得起的艺术品"的最直接的途径之一。在符合文创设计的观赏性和适应性原则的基础上，把艺术特色元素运用到旅游文创产品中，能进一步提升文创产品的竞争力，形成极具特色的艺术影响，为旅游文创设计提供新的思路。

第四章

小结——未来展望

特 色 文 化 IP 与 文 创 产 品 设 计

第一节 产业政策趋势的导向

文化创意产业是一种在经济全球化背景下产生的以创造力为核心的新兴产业，具有高知识性、高附加值、强融合性等特点，它的兴起是现代化和经济全球化的必然结果。近些年，我国政府积极出台促进文化创意产业发展的各项政策。在相关政策的引导下，各方投资文化创意产业的热情高涨，我国文创产业发展顺势而上。2010—2018 年，我国文化及相关产业增加值从 11052 亿元增长至 38737 亿元，到了 2019 年全国文化及相关产业增加值为 44363 亿元，比上年增长 7.8%，呈现逐年稳步上升的态势。（表 4-1）

表 4-1　2018—2021 年中国文化创意行业相关政策一览表（部分）

日期	政策名称	内容
2018 年 9 月	《国务院关于推动创新创业高质量发展打造"双创"升级版的意见》（国发〔2018〕32 号）	增强创新型企业引领带动作用，推动高校科研院所创新创业深度融合：搭建大中小企业融通发展平台，深入推进工业互联网创新发展，完善"互联网＋"创新创业服务体系；加快构筑创新创业发展高地：打造具有全球影响力的科技创新策源地，培育创新创业集聚区，发挥"双创"示范基地引导示范作用，推进创新创业国际合作
2018 年 11 月	《国家工业遗产管理暂行办法》	支持利用国家工业遗产相关资源建设工业博物馆，发展工业旅游，建设工业文化产业园区、特色小镇（街区）、创新创业基地，培育工业设计、工艺美术、工业创意产业等，鼓励在有效保护国家工业遗产的前提下，把加强工业遗产合理利用作为促进传统产业转型升级，加快推进新旧动能转换的重要举措，为经济社会发展服务
2018 年 12 月	《进一步支持文化企业发展两个规定的通知》	中央财政和地方财政应通过文化产业发展专项资金等现有资金渠道，创新资金投入方式，完善政策扶持体系，支持文化企业发展。创新文化产业投融资体制，推动文化资源与金融资本有效对接，鼓励有条件的文化企业利用资本市场发展壮大。将文化类建设用地纳入城乡规划、土地利用总体规划，有效保障文化产业设施、项目用地需求。鼓励利用闲置设施、盘活存量建设用地发展文化产业。鼓励将城市转型中退出的工业用地根据相关规划优先用于发展文化产业。企业利用历史建筑、旧厂房、仓库等存量房产、土地，或生产装备、设施发展文化产业，可实行继续按原用途和土地权利类型使用土地的过渡期政策

续表

日期	政策名称	内容
2019年2月	《关于培育发展现代化都市圈的指导意见》（发改规划〔2019〕328号）	以科技研发、工业设计、金融服务、文化创意、商务会展等为重点发展生产性服务业，推动服务业与制造业深度融合，形成以现代服务经济为主的产业结构，推动中心城市产业高端化发展
2019年8月	《国务院办公厅关于进一步激发文化和旅游消费潜力的意见》（国办发〔2019〕41号）	提升国家级文化产业示范园区和国家文化产业示范基地的供给能力。鼓励文创产品开发与经营，拓宽文创产品展示和销售渠道。引导文化企业和旅游企业创新商业模式和营销方式。到2022年，建设30个国家文化产业和旅游产业融合发展示范区，产业融合水平进一步提升，新型文化和旅游消费业态不断丰富
2019年12月	《中华人民共和国文化产业促进法（草案送审稿）》	国家将促进文化产业发展纳入国民经济和社会发展规划，并制定促进文化产业发展的专项规划，发布文化产业发展指导目录，促进文化产业结构调整和布局优化。国家促进文化产业区域协调发展，鼓励各地区突出特色、体现差异，保护文化生态，鼓励东部地区同中西部地区开展文化产业合作和帮扶，支持文化企业在西部地区投资文化产业
2020年2月	《关于运用新一代信息技术支撑服务疫情防控和复工复产工作》	支持完善疫情期间网络零售服务和物流配送体系，加强电子图书、影视、游戏等领域数字文化产品和服务的开发，形成丰富多样的"零接触"购物和娱乐模式，确保百姓生活必需品和精神营养品供应
2020年11月	《文化和旅游部关于推动数字文化产业高质量发展的意见》	顺应数字产业化和产业数字化发展趋势，实施文化产业数字化战略，加快发展新型文化企业、文化业态、文化消费模式，改造提升传统业态，提高质量效益和核心竞争力，健全现代文化产业体系

党的十九届五中全会中首次明确了建设文化强国的具体时间表，提出2035年建成文化强国。习近平总书记用重要内容、重要支点、重要因素、重要力量源泉四个"重要"论述了文化建设的地位。文化产业是实现这四个"重要"的载体，它的发展要满足现如今我国社会主义主要矛盾变化带来的新要求，中共中央、国务院、文化和旅游部、财政部等出台的一系列政策推动文化产业朝着全新的格局发展。

推动数字化发展 后疫情时代，文化产业的发展速度变慢，发展格局也随之变化。传统的文化产业受到了重创，刺激着他们改变以往的营销模式，在《关于运用新一代信息技术支撑服务疫情防控和复工复产工作》等相关政策的扶持下，它们开始转向线上销售、直播带货、无接触远程服务等。一些旅游景区开展"云展览""云旅游"等活动。以人工智能技术、区块链技术、云计算技术、大数据技术、VR、AR、MR技术为代表的高新技术在文化生产中运用越来越广泛。如文化和旅游部出台政策鼓励博物馆、美术馆等场所的文化资源进行数字化开发和转化，让游客在创新交互式的体验中欣赏地区特色文化。除此之外，国家发展改革委、中央网信办开展一系列线上普惠性金融支持活动，通过全面的数字化转型公共服务，推动企业进行数字文化内容创作、技术研发、产业融合等。

推动融合化发展 国家通过实施"文化 +"战略，促进文化产业与文化事业的融合发展、不同文化产业门类的融合发展以及文化产业与其他一二三产业的融合发展。文化创意产业表现出的多向交互融合的态势更多地汇聚在高端时尚、创意设计、数字经济等前沿领域，由此可以推动高质量产业的诞生，如时尚设计、服务设计、城市设计、数字文博、体验设计等一批新型融合型产业。

以文博产业为例，近些年文博与互联网平台联合，众多有创意的文博产品出现在大众视野中，故宫淘宝、大英博物馆旗舰店等知名博物馆网店先后上线，引发了消费热潮。除了日用品的开发，相关产业人员会对文博中的物质元素和精神元素进行综合开发，希望形成 IP 来扩张产业。现如今许多文博产业通过 IP 授权、联名等方式来扩大知名度，故宫就与许多时尚品牌如毛戈平、Mac 等联名发售产品。通过影视授权合作了《上新了，故宫》《国家宝藏》等节目，它们在故宫 IP 的宣传上也发挥了巨大作用。

推动文旅扶贫发展 十八大以来，以习近平同志为核心的党中央作出一系列重大部署，全面打响脱贫攻坚战，近些年随着乡村振兴战略全面实施、大众旅游繁荣发展、文旅融合深入推进，众多贫困地区发展当地特色文化产业，实现了资源保护、利用、脱贫致富等多重收益。由于贫困地区相对封闭，鲜少受到外界的破坏，特色文化保护的愈加鲜活完整，在其特色产业开发的同时可以挖掘和传承中华民族文化。

现如今的乡村旅游产业发展已经从早年缺乏文化创意元素的农家乐转变为村镇的全局旅游。产业全局化的发展让乡村旅游变得更加多元化，养生旅游、文化旅游等新型旅游项目繁荣发展。这对旅游产品的创造也提出了新的要求，他们更加注重细节、质量和品位。针对这一趋势，国家、地方出台了众多政策辅助乡村旅游产业的发展。如近些年推出的大学生乡村振兴创意大赛，鼓励大学生从乡景、乡宿、乡食、乡产、乡俗、乡艺入手进行创意开发，从产品设计到营销手段进行全面规划设计。这些富有创新性的设计可以最大规模的发扬乡村特色文化，满足消费者日渐个性化的乡村旅游需求。

推动 IP 产业链全局运营 IP 运营企业在相关政策的引导下，积极探索从设计、生产、供应到零售终端的整条产业链布局，形成闭环运营的 IP 商业生态。随着互联网、大数据等新兴科技发展，企业更加了解消费者喜好，新闻媒体可以精准投放，提升了 IP 营销、IP 消费、IP 衍生环节再开发变现的能力。如《哪吒》《姜子牙》这些国漫以"中国特色"为核心，满足了人们日益增长的文化自信，相关产业从动漫形象到内在精神深入挖掘，全方位充分利用了 IP，从而获得了巨大的成功。

习近平总书记强调："文化自信，是更基础、更广泛、更深厚的自信。"面对百年未有之大变局，文创产业要积极响应国家政策，以优秀的特色文化为源泉、以丰富的创造力为动力、以优秀的文创企业为引领，发扬中国文化自信，展示中国特色社会主义文化在全球的影响力和号召力。

第二节 市场经济发展的需求

基于中国经济的增长历程，此前高速的经济增长背后是一个传统的，依赖于资源大规模投入的粗放型经济增长模式。这种模式虽然在一定程度上使得国民经济得到可观的增长，但对于当今中国经济而言已逐渐不适用。我们正进入一个以知识为核心的社会，创意经济飞速发展，成为经济增长的重要动力，而文创产业作为日渐崛起的新兴产业，由于其发展迅速且易形成积极的经济引领作用，已成为国家或区域经济发展的重要推手。

2020年上半年，文创潮玩代表泡泡玛特总收益8.178亿元，比上年同期增长50.0%。同时，盲盒在海外也十分火热。第一财经商业数据中心联合天猫淘宝海外发布的报告显示，海外盲盒线上消费呈爆发式增长，消费增速达400%以上，泡泡玛特、52TOYS、寻找独角兽等新兴潮玩手办品牌出口至新加坡、美国等120多个国家。泡泡玛特的上市，反映出文创产业极大的发展潜力。根据国家统计局数据显示，中国文化及相关产业增加值正不断增加，2013年文化及相关产业增加值21351亿元，占GDP比重3.63%。2017年逼近35000亿元，达到34722亿元，占GDP比重4.20%。在国家统计局2021年1月5日最新发布的数据中，2019年全国文化及相关产业增加值为44363亿元，对比上年增长7.8%(未扣除价格因素)，占GDP的比重为4.5%。在智研咨询发布的《2021—2027年中国文化产业行业发展规划建议及未来发展潜力报告》提出：在全面深化文化体制改革、不断提振文化消费需求的背景下，受到疫情影响的2020年中国文化产业继续保持平稳较快发展当年中国规模以上文化及相关产业企业营业收入为98514亿元，同比增长13.7%。（图4-1）

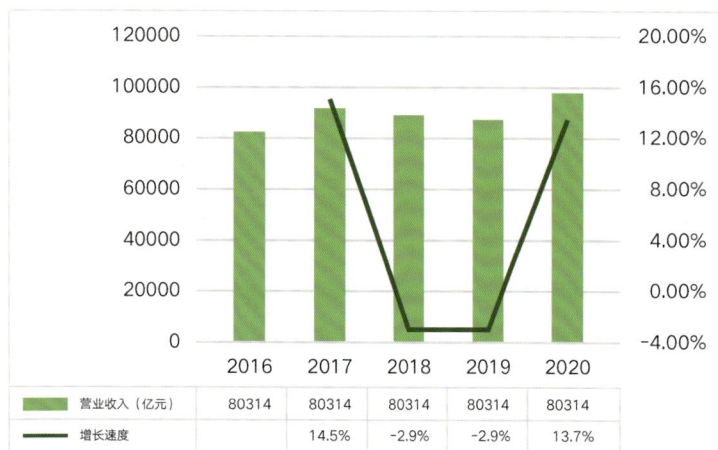

	2016	2017	2018	2019	2020
营业收入（亿元）	80314	80314	80314	80314	80314
增长速度		14.5%	-2.9%	-2.9%	13.7%

图4-1 2016—2020年中国规模以上文化及相关产业企业营业收入及增速统计图（统计：智研咨询）

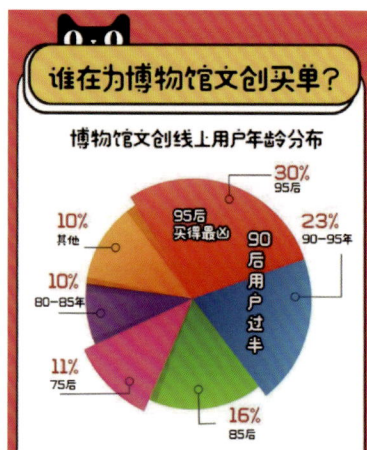

图4-2 博物馆文创线上用户年龄分布（资料来源：阿里数据）

根据文化消费意愿调查显示，居民未来的文化消费需求旺盛，预计未来文化消费支出将保持持续增长的态势。与此同时，疫情也在一定程度上重塑了中国的消费模式，进一步增强了线上消费习惯，使线上消费增速和占比持续提高，成为上半年消费增长最大的亮点。据国家统计局数据显示，2020年1月份至6月份，全国网上零售额同比增速达到7.3%，比1月份至5月份提高了2.8个百分点，表现出线上消费需求的显著提高。在受众上，根据阿里数据统计，文创产品的消费者群体有着明显的年轻化趋势。其中90后用户过半，并且占比最高的为95后群体，他们对于多元化的跨界产品有着更高的接受度，包括生活日常用品、美妆、娱乐等相关产品，习惯于通过互联网平台购买文创产品。这意味着文创产业在未来市场将占据重要地位。(图 4-2)

作为一种新兴的产业，文创是经济、文化、技术等相互融合的产物，具有高度的融合性、同时具有较强的渗透性和辐射力，能为发展周边产业提供良好条件，从而有效推动区域经济发展。以台湾华山1914文创园为例，2009年开园转型后的华山被规划到包含公园绿地、创意设计工坊及创意作品展示中心的创意文化园区。园区以具有情怀的文创产品为核心，树立自身的品牌。2017年园区营运总额5亿4850万元，推估创造价值25亿6376万元。目前，华山园区涵盖文化创意产业从创作、制造、加值、流通到消费端等所有方面，周围的相关产业都将得到拉动。在园区内，游客可以买到独具特色的文创产品，可在园区的剧院中观看音乐剧，同时也可在内用餐，已成为生产、生活和生态相互有机结合促进的文创园区。我国目前文化产业仍有待发展，发达国家文化产业就业人数一般占社会就业总数的3%-6%，而我国只有0.4%，有着巨大的增长潜力。

文创产业作为新的经济增长点，对市场经济的发展有着显著的优化和拉动作用，有利于产业结构的调整，以带动经济的高质量发展。从发达国家的经验来看，文化创意产业能在经济增长遭到瓶颈时为其提供新的增长动力。美国，英国和日本等国家历史上都曾将文创产业作为重振经济的一味良药。从产业发展的角度出发，2013年后中国的服务业对经济所起到的拉动作用便已经超过了工业。以消费的角度来看，在如今的消费主义时代，消费者所青睐的更多是产品带来的情感体验与精神层面的享受。随着文化市场的需求上升，必将掀起由文化为主导的产业浪潮，文创产业无疑成为了经济增长的重要引擎。虽然经济总量增速有所下降，但文创产业仍然能维持高增速。

文创产业与实体经济的融合是提升文化产业综合竞争力的需要，也是促进经济结构调整和发展方式转变的重大举措。在如今推进供给侧结构性改革，构建以国内大循环为主体、国内国际双循环相互促进的新发展格局的时代，充分发挥文化IP元素的促进作用，打造高附加值产品，提升文创产业综合竞争力，通过文创产业推动市场经济发展。

第三节 中华文化内涵的挖掘

特色文化 IP 的核心价值在于其文化内涵。中国五千年的文明绵延不绝，在这历史发展过程中，沉淀出了出博大精深的中华传统文化。优秀的传统文化不仅是中华民族的精神命脉，还有着更为深刻的现代意义与世界价值。

对当代人类文化发展来说，保护文化多样性，让各种文化绽放自己的美，是文化可持续发展的历史必然。而在 21 世纪的人类文化生态中，中华人文精神愈发成为一种重要的人文能量，释放出越来越大的全球影响力。

目前我国的整体实力上升较快，但文化自信的缺失仍是较普遍的问题。有国内学者曾指出，全面否定中华文化的较大原因就是分不清传统文化和近代文化呈现样式的不同，人们往往以西方的文化样式作为标准，来分析中国的传统文化，解构了其中真正的内涵。如果不能抓住中华文化真正的核心理念，而是浮于表面进行研究设计，这样的特色文创产品依然缺少属于自己的文化灵魂。

不断挖掘中华文化中的丰富资源，再用现代的设计语言进行展现，最终得到一系列独具韵味的地方特色文化。这种模式不仅能改善目前千篇一律的文化 IP 及其周边产品开发现状，促进整体文化创意产业的发展，从更长远的角度来看，还能使优秀特色文化得到真正的传承与创新，焕发出新的生命力，是提高国家文化软实力和中华文化影响力的重要途径。

在这个开发过程中，设计师需要注重的是对特色文化内在层次的深度挖掘，以及分析并满足用户对于特色文创产品的内在诉求。当前我国文化创意产业的发展依然缺少良好的秩序与规范，多数设计师在开发特色文化 IP 及其周边文创产品时，对文化的理解与挖掘尚且停留在表层，只是将有形的文化元素直接"搬运"到产品上，依靠平台和渠道来保持其生命力，这种文化 IP 开发路径尚处于初级阶段。

设计师需要有意识地深入分析表层的具体文化符号、文化表现，探究其背后蕴含的历史发展、人文意义，明确要向消费者表达怎样的故事与理念，才能真正引起人们的情感共鸣，创造出真正经久不衰的特色文化 IP。

在文化创意产品的开发中，必须守住文化的"本真"。所谓文化的本真性，就是要在传承、传播时尊重其本质上的还原性和真实性。这里的还原并不仅指代文化的表层现象和符号，更需要传承的是其中所蕴含的优秀精神文化和普世价值观（图 4-3），只要内在精神不变，其外观、材料、实现方式等形式上的创新都是可取的，优秀的创新形式更能够推动文化的历史传承与创新发展。

例如，哪吒作为中国古代神话传说中的神仙，是近现代电影、动画、漫画、游戏中出现最多的神话人物之一，其人物形象、故事情节和作品主题随时代精神的不同而发生变化。而不管是现象级动画电影《哪吒之魔童降世》中"我命由我不由天"的倔强不屈形象，还是人气漫画《非人哉》中的呆萌可爱形象（图4-4），虽然是截然不同的角色，但都能够得到观众的认同与喜爱。这正是因为这些作品能够守住"本真"，作者以神话传说中的故事原型为基础进行创作，遵循"哪吒"这个人物的人格魅力，给予其不同的故事背景，以此创造出新的文化IP形象。

可以说，守住文化本真，才能更自由地进行创新设计，否则就会因为拘泥于文化的形式而无法创造出符合时代需求的IP产品，作为丰厚土壤的优秀特色文化反而束缚住了设计想法。中华文化本就是包容开放的活态文明，不断创新加入新的符合时代发展的科学技术和现代艺术形式等才能让中华文化焕发新的生命力，打破"传统"与"现代"的二元对立，形成文创产业的可持续发展。

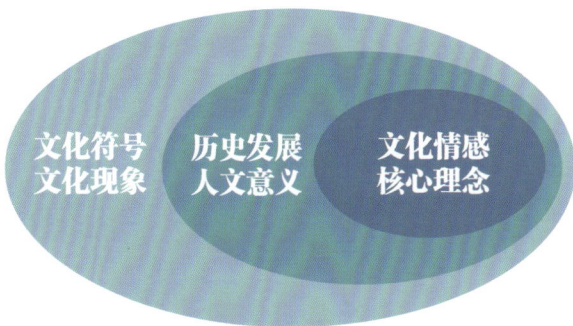

图4-3　文化的内涵层次

图4-4　哪吒的不同形象

153

第四节　科技发展手段的支撑

互联网、科技和文化创意融合发展已经成为必然趋势，推动着现代中国文创产业不断发展。中国传统文化中有很多"冷门"的文化，一些繁杂难懂的手工艺技术，很少有后人愿意去学，导致面临文化流失和断层的现状。在互联网技术日益成熟的背景下，利用互联网技术，有利于加强对传统文化的保护。如开发相关 APP，全面记载文化的相关内容信息，如文化背景、历史渊源、制作过程、传统剧目、经典视频、生存现状、演出动态、文创商店、在线教学、艺术价值等，采用图、文、影、音四维一体的呈现方式，用科技手段和新颖的表现手法去"讲特色故事、说特色文化"。还可以针对当下网络交流风行的"表情包文化"设计出具有相关文化特点的系列表情包和微信小游戏，能让大众在日常交流生活中加深对该文化的印象，在娱乐中进行文化传承。

科技推进文化 IP 的多元化发展，文化发展为科技注入新鲜的动力。新时代背景下，数字文创产品以"互联网 + 文化 + 科技"为核心理念，利用互联网、AI、VR、AR、大数据、区块链、360 度全息影像等高新技术，助力深耕以往所不及的文化领域，提炼深层次特色文化 IP，并进行创造性的转化，打造出创意实用兼具的优质文化产品，其内容更加丰富饱满，形式更加新颖有趣，传播更加快速有效，受众更加全面广阔，更容易引起大众的情感共鸣。不用走出家门，也能够全方位深层次的体验，感受文化的魅力，更加深刻细腻地理解文化内涵，有助于中国传统文化的传承和发展。

而以往我们所接触的文创产品大多是实体产品，对特色文化 IP 的塑造和转化不够全面，形式感单一，体验感不够，同质化严重，以至于大众对传统文化的感触不深，无法真正领会其中的文化底蕴，长久以往，此类文创产品只会渐渐消失在日常生活中。

如今大数据技术、互联网技术以及信息可视化技术的迅猛发展，VR（虚拟现实）和 AR（增强现实）等高新科学技术日益成熟。VR 技术，融合了计算机图形技术、传感器技术、人工智能化技术等多项较为先进的技术，通过计算机生成的一种完全虚拟的景象，犹如是在现实世界中创建的一种仿真系统；AR 技术是将半真半假的世界即虚拟和现实场景进行无缝衔接，在现实场景中融入虚拟景象，赋予更强的想象力和创造力。两种技术的结合能够实现人机互动，增强趣味性，提升用户体验。一款好的文创产品设计离不开与消费者之间的互动，这正是文创产品设计中所需要的。

例如，在 VR 和 AR 技术的助力下，一幅幅价值连城的画卷映入大众眼帘，美与震撼被展现得淋漓尽致，沉浸式的交互体验让用户深刻感受到大师们作画的过程，犹如自己置身其中，与大师们一同作画。在这样一个虚拟的时空维度中，将传统二维作品转变为三维动态模型，并且还可以加入音频解说，让用户身临其境，瞬间拉近了产品与用户的距离，增强互动交流的真实体验感，以往晦涩难懂的作品通过这种方式变得平易近人，更容易被解读，用户也更愿意去倾听、去了解、去感受，优秀传统文化也在无形中被传承，真正的达到了人与产品互动的目的。

VR 技术在很多博物馆中被充分运用，如设立一些 VR 体验馆来吸引更多人的参观和体验。为了保护珍贵文物，博物馆中绝大部分文物都不能被直接触碰，而 VR 体验馆恰好能让大众在不损坏文物的前提下，利用多种高新技术，进行高度还原，场景重现，能让大众真切的感受到文物的魅力。除了 VR 体验馆，还有 VR 文创商店，让消费者体验独特的购物乐趣。VR 直播、VR 微电影等方式可以用来弘扬传统文化。

在 VR 技术的应用背景下，文创产品取得良好的发展，给消费者带来了更加灵活和多元的三维立体视觉效果，增强了消费者产品体验的真实感。设计师要培养科技创新意识，将技术与文创产品融合发展，利用 VR 技术，开发设计更多新颖有趣的数字化文创产品，引起消费者的好奇心，进而刺激其购买欲望，促进文化创意产业的发展。

"大数据""互联网+"等技术能够切实地扩展文创产品的功能和用途。越来越多的文化创意企业通过新科技来提升产品的创意水平和技术含量。

目前大数据相关技术已经趋于成熟，相关的理论体系已经逐步完善。大数据不仅强调海量数据，更强调从数据中快速获得有价值的信息和知识的能力。这些网络数据经过记录、分析到利用，已经变成了一种价值巨大的经济资源。文创产品的设计正是需要对优秀传统文化进行相关数据的收集、整合、分析、转化和应用；对社会热点的收集与分析；对消费者的行为习惯、个人偏好的分析与运用；这些都是基于大数据技术的基础上展开的，有利于文化的深入挖掘、增加文化内容的多样性。

以《陈情令》和《盗墓笔记》为例，拥有文学——特色 IP——动画、影视——文创产品的成熟产业链，其一步步的成功离不开大数据的大力支持。通过对文学作品、动画作品、影视作品的海量评论分析、市场监测分析，总结消费者偏好，并针对性的进行文创产品设计，深受广大消费者喜爱。

以故宫角楼咖啡为例，已经成为北京网红打卡地，隔扇、灰砖、木椅等咖啡厅内部陈设古色古香，墙上壁纸、房梁搭着的轻缦，正是《千里江山图》。游客无须"进宫"，就能享用咖啡，感受故宫文化。故宫依靠大数据的支撑，精准定位当下中国市场的咖啡需求猛增，因此，选择咖啡作为其文创产品和文化输出的载体，使故宫文化越来越潮流，不仅打开了市场，更传播了中国传统文化，掀起一股"故宫热"。除此之外，故宫彩妆、故宫火锅等多次登上微博热搜，也是基于大数据分析当代青年偏好，用年轻人追捧的方式表达出故宫文化，故宫文创产品正日益走向"潮流化、年轻化"，大数据使故宫在这些领域不断开发新产品并取得成功。

　　科技与文化的融合发展让中国优秀传统文化跨越时空，以更加娱乐多元、大众喜闻乐见的形式，为更多的人群共享，提供创意性体验。随着文化载体的内容与形式的创新性发展、大众消费水平的提升，人们将对文创产品有更高的要求和期待。科技推动着文化不断向前走，为其提供更多的可能和机遇，而文化也反作用于科技，促使其不断向前发展，更好的为文化提供有力的支撑！

参考资料

[1]　曹文捷 . 迪士尼文化旅游产业发展对我国的启示 [J]. 投资与合作，2020(12): 1-2.

[2]　陈琼 . 文化 IP[M]. 北京 : 中国电影出版社 . 2017.

[3]　崔瑜 . 文化创意产业发展研究——基于文化根植的视角 [M]. 北京 : 经济管理出版社 . 2019.

[4]　范天玉 . 当代中国语境下的 "IP" 定义分析 [J]. 陕西广播电视大学学报，2019,21(04): 88-94.

[5]　胡钰，薛静 . 文创理念与当代中国文化传播 [M]. 北京 : 光明日报出版社 . 2019.

[6]　齐佳蕊 . 新媒体时代故宫文创品牌传播效果研究 [J]. 新闻研究导刊，2020,11(24): 222-223.

[7]　王莹莹 . 浅析文化 IP 产业发展路径 [J]. 今古文创，2020(45): 43-44.

[8]　王瑱 . 畲族纹样在文创产品中的创新与实践 [D]. 厦门 : 厦门大学，2018.

[9]　徐婉珍，张红 . 新文创时代文创市场的发展策略探究 [J]. 文化创新比较研究，2020,4(36):
178-180.

[10]　杨慧子 . 非物质文化遗产与文化创意产品设计 [D]. 北京 : 中国艺术研究院，2017.

[11]　于爱晶 . 文创产业的创新、融合与实践 [M]. 北京 : 北京联合出版公司 . 2020.

[12]　张颖聘 . 文化创意产品设计及案例 [M]. 北京 : 化学工业出版社 . 2020.

[13]　赵晓雪 . 以地域文化为源的综合设计研究 [D]. 青岛 : 青岛科技大学，2020.

[14]　郑语萌，周学红 . 文化 IP 导向的特色小镇控规编制研究——以成都市安仁古镇为例 [C]// 中
国城市规划学会，重庆市人民政府 . 活力城乡　美好人居——2019 中国城市规划年会论文集
（19 小城镇规划）. 2019.

[15]　周荣庭，周宏远 . 数字化时代科普文创产品的设计与传播研究 [J]. 自然科学博物馆研究，
2019,4(01): 20-26 ; 84.